DAY by DAY 曼谷

下飛機 Day by Day ✈ 愛上 曼谷

作者◎蘇菲亞

太雅

目錄

DAY by DAY

下飛機Day by Day 愛上曼谷

10條一日行程 × 玩樂曼谷

Route Extra ___ 148

輕旅三日遊
華欣輕旅三日遊

拷旺宮 > 拷龍穴 > 華欣夜市 > Cicada 文創市集 > 華欣火車站 > 華欣瑞士綿羊園 > 美麗閣夏宮 > 華欣 Seenspace > 希萊克費觀景點 > 華欣酒莊 > 聖托里尼樂園

作者序

　　人生中第一份工作讓我愛上旅遊，在數次往返各國的經驗中，培養對陌生環境的適應能力與冒險精神，曼谷，一直是我喜愛的城市，熱情友善的當地居民、百吃不厭的在地美食、四季如夏的溫暖陽光，以及悠閒自在的度假氛圍，讓人每天都有好心情，是一座適合享受漫遊的城市。

　　在一次偶然的機緣，與另一半相遇，進而來到曼谷定居，轉眼間10多個年頭，經歷生活中的酸甜苦辣，異鄉生活並非想像中如魚得水般優游自在，只有不斷的學習適應及勇於挑戰，全職主婦忙碌於柴米油鹽，喜歡利用閒暇時光記錄生活點滴，經營部落格成為精神食糧，除了將喜愛的泰國景點推薦給讀者，更是夫妻與孩子之間的共同成長回憶。

　　有幸獲得太雅出版社熱情邀稿，將我心中的曼谷必訪景點結集成冊，以在地人的角度，推薦生活日常美食與商品，同時感謝專業親切的主編，井然有序引領我走向旅遊作家之路，曼谷是首訪泰國第一站，同時是不斷成長茁壯的國際都市，將有更多祕密花園值得我們探索與發掘。

關於作者

　　蘇菲亞，台灣台北人，國立政治大學畢業，主修阿拉伯語，曾任職於航空空司及電子產業。目前定居泰國曼谷，擔任全職主婦，經營部落格與粉絲專頁「曼谷·蘇菲亞」，分享曼谷生活日常並不定期更新旅遊記錄。

臺灣太雅出版
編輯室提醒

太雅旅遊書提供地圖，讓旅行更便利

地圖採兩種形式：紙本地圖或電子地圖，若是提供紙本地圖，會直接繪製在書上，並無另附電子地圖；若採用電子地圖，則將書中介紹的景點、店家、餐廳、飯店，標示於Google Map，並提供地圖QR code供讀者快速掃描、確認位置，還可結合手機上路線規畫、導航功能，安心前往目的地。

提醒您，若使用本書提供的電子地圖，出發前請先下載成離線地圖，或事先印出，避免旅途中發生網路不穩定或無網路狀態。

出發前，請記得利用書上提供的通訊方式再一次確認

每一個城市都是有生命的，會隨著時間不斷成長，「改變」於是成為不可避免的常態，雖然本書的作者與編輯已經盡力，讓書中呈現最新的資訊，但是，仍請讀者利用作者提供的通訊方式，再次確認相關訊息。因應流行性傳染病疫情，商家可能歇業或調整營業時間，出發前請先行確認。

資訊不代表對服務品質的背書

本書作者所提供的飯店、餐廳、商店等等資訊，是作者個人經歷或採訪獲得的資訊，本書作者盡力介紹有特色與價值的旅遊資訊，但是過去有讀者因為店家或機構服務態度不佳，而產生對作者的誤解。敝社申明，「服務」是一種「人為」，作者無法為所有服務生或任何機構的職員背書他們的品行，

甚或是費用與服務內容也會隨時間調動，所以，因時因地因人，可能會與作者的體會不同，這也是旅行的特質。

新版與舊版

太雅旅遊書中銷售穩定的書籍，會不斷修訂再版，修訂時，還區隔紙本與網路資訊的特性，在知識性、消費性、實用性、體驗性做不同比例的調整，太雅編輯部會不斷更新我們的策略，並在此園地說明。您也可以追蹤太雅IG跟上我們改變的腳步。

[IG] taiya.travel.club

票價震盪現象

越受歡迎的觀光城市，參觀門票和交通票券的價格，越容易調漲，特別Covid-19疫情後全球通膨影響，若出現跟書中的價格有落差，請以平常心接受。

謝謝眾多讀者的來信

過去太雅旅遊書，透過非常多讀者的來信，得知更多的資訊，甚至幫忙修訂，非常感謝大家的熱心與愛好旅遊的熱情。歡迎讀者將所知道的變動訊息，善用我們的「線上回函」或直接寄到taiya@morningstar.com.tw，讓華文旅遊者在世界成為彼此的幫助。

如何使用本書

　　本書包括10條曼谷一日遊行程,以及華欣輕旅三日遊的行程安排。各路線皆清楚說明行程特色、路線規畫、當日預算與區域地圖,還有各景點與周邊值得一訪的附加景點介紹,並添加伴手禮、特色料理、城市簡介、10大曼谷交通工具等專文說明,提供便利探訪的最佳推薦。

資訊、地圖使用圖例

✉ 地址

📞 電話

🕐 時間

休 休日

$ 價錢

➡ 交通指引

⁉ 注意事項

ℹ 資訊

MAP 地圖位置

http 網址

f Facebook

IG Instagram

✈ 機場

🚌 巴士、巴士站

🚈 火車、地鐵站

🚗 計程車、租車

🛺 嘟嘟車、雙條車

⚓ 碼頭、船運

🚡 纜車

🚶 步行

● 景點

● 商店

● 餐廳

● 地標

地圖

　　以簡潔清晰的路線規畫,並透過「交通對策」介紹前往的方法與鄰近特色,提供行路者恰當的實質建議。

Close up! 特輯放大鏡

　　深度介紹與路線相關的特別景點,不過有可能並非位於介紹的區域路線上。

其他推薦

　　在路線景點附近也值得一訪的獨特地點。

特色料理與甜點

yummy *check! check!*

12 道泰式好滋味

泰國料理以地區分為北部、中部、南部及東北料理，各地區受鄰近國家飲食文化影響，北部似中國西南及緬甸，南部受馬來文化影響，中部昭披耶河流域及沿海通商口岸則帶來豐富多元的飲食文化，東北部雖位處偏僻，菜餚口味辛辣濃郁，卻是泰國人心中的第一名料理，當地的依善 (Isan) 料理也對泰國飲食文化有著深遠的影響。

青木瓜沙拉

推薦店家 Nittaya Kai Yang，P.130

青木瓜沙拉是常見的泰國街邊小吃，經常搭配烤雞及糯米飯，可說是泰國平民美食的代表之一。

Larb 風味涼拌

推薦店家 Nittaya Kai Yang，P.130

以大量辛香食材及調味料拌入肉末而成，口感香辣濃郁，其中又以拌入香酥鴨肉丁風味絕佳，常見於泰國東北料理餐廳，值得一試。

泰式涼拌海鮮

推薦店家 Lek Seafood，P.121

鮮甜海味淋上泰式酸辣醬汁，在炎熱的國度，最是開胃，來到泰國不可不嘗各式美味爽口的涼拌海鮮 料理。

泰式湯麵

推薦店家 Saew Noodles，P.86

口味多樣，清湯麵及具特色的酸辣湯麵，皆受遊客喜愛，推薦「素可泰酸辣湯麵」，湯頭濃郁多層次，口感微辣清香，配料豐富多元。

嘎拋飯

推薦店家 福聯 Took Lae Dee，P.97

　　泰國平民美食首選非嘎拋飯莫屬，搗碎辣椒和蒜頭，與肉末大火快炒，再以泰國魚露及蠔油調味，拌上靈魂食材「嘎拋葉」，搭配茉莉香米與煎蛋，就是百吃不厭。

魚露炸鱸魚

推薦店家 Nittaya Kai Yang，P.130

　　泰國家常菜魚露炸魚，鱸魚肉質肥美，魚骨香酥脆口，搭配特調醬汁及配料，散發陣陣香氣，令人食指大動，與碳烤鹽焗鱸魚同為泰式餐廳必備美味料理。

泰式油雞飯

推薦店家 百貨商場美食街

　　油雞飯為泰國人的早餐選擇之一，鮮嫩多汁的雞胸肉，可選擇帶皮或去皮，或是油雞與炸雞雙拼，搭配店家獨門淋醬，口齒留香的美味，一吃就上癮。

泰式炸花料理

推薦店家 Ruen Mallika

　　源自泰國傳統料理，選用當季食用花或蔬菜，微甜時蔬襯著香酥麵衣，搭配特製沾醬或涼拌海鮮，絕妙好滋味讓人一口接一口！常見於街頭小吃或傳統餐廳，其中尤以餐廳的精緻度為佳。

特色料理與甜點

榴槤冰淇淋

推薦店家 Swensen's，P.55

來到泰國一定要品嘗新鮮榴槤和榴槤製品，泰國冰品龍頭 Swensen's，榴槤冰淇淋口感滑順且香氣濃郁，搭配甜糯米及配料，美味滿分又價格親民，非吃不可。

椰絲豆仁軟糕

推薦店家 百貨商場美食街

各色糯米皮包覆滿滿綠豆仁及椰絲，品嘗時沾上特調砂糖，甜度可隨意調配，豆仁香氣襯著清新椰香，搭配鹹甜芝麻鹽砂糖，具有多層次的味道，常見於街邊小吃或傳統市集。

糖絲捲餅

推薦店家 百貨商場美食街

泰國古都「大城」的在地美食，是遊覽當地的熱門伴手禮。香蘭葉餅皮捲入各色糖絲，甜而不膩且有淡淡清香，餅皮與糖絲色彩多變，更增視覺享受，常見於超市賣場或傳統市集。

椰奶西米糕

推薦店家 百貨商場美食街

上層椰奶與底層西谷米的鹹甜巧妙滋味，食材混搭呈現多變色彩及豐富口感，手編香蘭葉為盛裝容器，是高人氣傳統泰式甜品，常見於傳統市集或甜品專賣店。

shopping
check! check!

精選曼谷好物清單

來到泰國，購買伴手禮時，絕對不可錯過當地自產自銷的特色商品。在此提供食品、生活用品與手工藝品的推薦清單，盡情享受血拼購物的樂趣吧！

泰式口味泡麵

哪裡買 各大超市、萬客隆 (P.121)

泰式口味泡麵以 MAMA 品牌為代表，其中又以酸辣蝦湯及綠咖哩風味最具特色，另外推薦泰國人也喜愛的米粉湯及釀豆腐風味。

泰式風味餅乾

哪裡買 各大超市、7-11

最具特色的平民伴手禮，非泰式風味零嘴莫屬，由 Lays 及 Glico 推陳出新的泰式風味餅乾，喜歡嘗鮮的你，一定不能錯過！

Doi Kham 草莓乾

哪裡買 皇家農產專賣店，P.144

泰國最好吃的草莓果乾，風味天然，香甜不膩，直接食用或用於水果茶都不錯，亦可於各大超市、便利商店找到。

豆知識

Doi Kham

Doi Kham為皇家計畫農產品公司，由泰皇拉瑪九世浦美蓬陛下授命成立，以合理價格向泰北農民收購作物以改善其生計，並自產自銷多項高品質平價商品，是值得信賴的本土連鎖商店。官網：www.doikham.co.th。

特色料理與甜點、伴手禮推薦

泰式蝦餅

哪裡買 皇家農產專賣店，P.144

滿滿蝦皮及香菜的古早味蝦餅，口感焦香酥脆，鹹甜適中，Lemon Farm 有機食品店與觀光特產店也可見類似包裝精美高價商品。

Greenday 果乾

哪裡買 各大超市、7-11

泰國自產自銷天然果乾，不含人工色素、香料及防腐劑，其中推薦草莓，整顆完整風乾果實，外形及香氣都很迷人。

Tea & Fruits 水果茶

哪裡買 各大超市、福聯超市 (P.97)

選用產自泰北清萊山區的特調茶葉與新鮮果乾，是泰國自產外銷商品。推薦南洋風泰式水果茶，可購於各大超市，以福聯價格最優惠。

Waugh's 咖哩粉

哪裡買 各大超市、萬客隆 (P.121)

泰國有不少實用調味料，其中推薦 Waugh's 雙槍牌咖哩粉，英國香料老廠調製配方，泰國獨家販售，玻璃瓶裝，分為三種尺寸，價格便宜，香氣十足。

Khaokho Talaypu 洗潤髮系列

哪裡買 各大超市

來自泰北考科山區的純天然品牌，不添加化學合成物、香料及酒精，強調純淨原始的自然概念，推薦 Soap Nut 洗髮露。

∧ Tumrubthai泰國草藥專賣店販售部分商品　∧ Tops超市販售全系列商品

Zam-Buk 青草膏

哪裡買 7-11、藥妝店、超市

泰國旅遊必買萬用青草膏，成分天然，用途相當廣泛，德國拜爾藥廠配方，俗稱泰版小護士。

jam 米奶皂

哪裡買 水門區藥妝店，P.103

成分天然，香氣清新，保濕滋潤，物美價廉，零售統一價格 20 銖，可購於觀光夜市、美妝店及 7-11 便利商店，其中以美妝店批發價格最超值。

RAKS 辣椒醬

哪裡買 TOPS 超市冷藏區

辣椒醬 (Nam Prik) 是以辣椒為基底製作而成的各式風味醬，RAKS 品牌辣椒醬以新鮮食材調製，不含化學成分，且有 FDA 認證，未開封常溫 30 天，冷藏 3 個月，其中以蟹黃辣椒醬風味絕佳。

班加隆 Benjarong

哪裡買 Stella Art Cafe，P.93

泰國傳統工藝代表，以 5 種主要顏色為基礎手繪而成，又稱五色瓷，早期使用奢華黃金勾勒圖紋，為泰國皇室專用，現今廣泛為民間使用及贈禮。

B曼谷城市簡介

Bangkok

旅遊微笑之都必知的6件事。

同等級甚至更高檔的體驗；一般消費則是選擇多元化，餐飲從街邊美食到米其林星級餐廳，住宿從背包客棧到星級酒店，交通花費從35泰銖起跳的計程車到豪華轎車特殊禮遇，不同花費滿足不同需求。此外，曼谷是一座兒童友善城市，或許硬體設備不及先進國家，然而，對待兒童和善熱情的態度，以及對外來人口的友善包容，不愧為天使之城、微笑之都。

2 佛教立國，信仰虔誠

泰國為知名佛教國家之一

泰國即使仍保有公民的信仰自由，未規定國教，然而多數泰國人篤信佛教，當地居民90%以上是佛教徒，在百貨商場或住宅社區也會設立神祇，供民眾參拜。曼谷有眾多廟宇，每當佛節或重要節慶，都會舉辦大型祈福法會，遊客在參觀寺廟時，除了服裝需遵守規定，不可穿著無袖露背上衣，也禁止膝上短褲或短裙，女性遊客需特別注意，不可碰觸僧人，進入寺廟內殿參拜，以跪坐姿勢祈福，不可盤腿或腳底面朝佛像，態度需神聖莊嚴。

1 物超所值，老少咸宜

全球熱門旅遊城市前段班

花費少卻能擁有高品質享受，是曼谷大受歡迎的主要原因。以奢侈項目來說，高爾夫球或美容Spa，只要其他國家一半價格，就能擁有

∧ 泰國人民篤信佛教，寺廟是莊嚴神聖的殿堂

∧ 在泰國隨處可見象徵皇室的色彩及成員肖像

3 君主立憲，尊榮禮遇

泰皇為國家精神領袖

泰國為君主立憲制國家，即使泰國總理也須敬重泰皇，不可對皇室成員有冒犯的言行，挪揄調侃或議論皇室成員亦不可，都將觸犯不敬罪，可依法判處有期徒刑。此外，皇室成員享有公共場所通行及使用優先權，道路交通淨空管制，或是公共空間禁止一般人民進入，都是對國家最高精神領袖的尊榮禮遇。

熱門首選，遊客可同時體驗繁華的時尚都市、豐富的文化遺產，以及悠閒的度假氛圍。

5 交通壅塞，捷運必備

靈活使用各種交通工具

曼谷交通運輸密集度高，塞車問題嚴重，尤其上下班尖峰時段，或是下雨的時節，道路交通癱瘓，搭捷運可節省通勤時間，或體驗當地特有的摩托車計程車。挑選曼谷的住宿地點時，建議以空鐵與地鐵各站周邊為主，旅遊景點安排也以同區為佳，避免同日跨區遊覽，可減少耗費交通時間，使旅程更加愜意。

4 步調緩慢，處事泰然

學曼谷人心平氣和過生活

曼谷步調悠閒，即使在市中心或商業區，也很少看到行色匆匆的路人，而不明原因的大塞車，也極少有人按喇叭。最常聽到泰國人說的一句話「jai yen yen」（心涼涼，冷靜之意），對任何事都能處之泰然，順應自然不強求，也由於這樣的生活態度，使得曼谷成為放鬆度假的

6 繽紛泰國，色彩絢麗

泰國文化的生日星期色

泰國除了各色計程車代表不同公司，商場中也可見不同顏色的銀行，飲食方面常見彩色的甜點及糯米飯，超市販售的麵條和皮蛋也都染上不同色彩。在泰國一週七天各有代表色，週一至週日分別為黃、粉紅、綠、橘、藍、紫和紅色，出生日在週六的話，代表色即為紫色。

∧ 城市中的悠閒氛圍俯拾即是

∧ 塞車是曼谷城市交通普遍現象

曼谷機場交通

Airports

台灣直飛泰國的航空以長榮、中華、泰國航空為主，廉航以泰越捷、虎航、獅航為主。

∧ 搭乘機場快線City Line

從廊曼機場到市區

搭乘SRT轉MRT：可從機場直通空橋前往搭乘SRT紅線，約15分鐘抵達Bang Sue車站，票價30銖，再轉乘MRT前往市區。

搭乘機場排班計程車：如有大件行李建議利用計程車，或是預約私人包車。進市區約45分鐘（視交通狀況而定）。

1 曼谷機場前往市區

曼谷有兩座機場

曼谷有兩座國際機場，蘇汪納蓬機場（Suvarnabhumi Airport）和廊曼機場（Don Mueang Airport）。

從蘇汪納蓬機場到市區

搭乘機場快線City Line：可在入境大廳B樓層搭乘，只要45泰銖，約30分鐘即可抵達市區Phaya Thai站。

搭乘機場排班計程車：約45分鐘抵達市區（視交通狀況而定）。記得留存確認單，以免司機喊價。

預約Grab及私人包車：流程參考請見P.170。

2 曼谷機場前往華欣

搭乘Bell Travel巴士

曼谷蘇汪納蓬機場前往華欣交通相當便利，可在出關後，前往入境大廳1樓7號和8號門之間的巴士服務櫃檯，直接購買車票，通常每小時一班車。

另一個選項是事先從Bell Travel巴士官網預訂車票，每人票價325泰銖，線上預購手續費50泰銖，車程約3小時，終點站為華欣巴士站，從巴士站接駁前往各家酒店，額外費用依酒店距離而定。假如同行人數超過6位，建議預約私人包車，舒適便捷且有獨立空間，在曼谷前往華欣途中也可安排景點，使旅遊行程更加豐富。

🌐 Bell Travel巴士：www.airporthuahinbus.com

10 大曼谷交通工具

Transportation

曼谷地區交通工具多元，於塞車時段選擇搭乘空地鐵，將能節省更多旅遊時間！

鉄，卡片啓用後，當日營運時間內，不限搭乘次數。

儲值卡：可購於服務台，初次購買費用100泰鉄，需護照登記，效期5年。每次最低儲值100泰鉄，餘額未滿15泰鉄，需再次加值才可使用，儲值金額效期2年。購買儲值卡可避免尖峰時段排隊購票，也可在麥當勞及部分超市、購物中心美食街儲值及使用，非常方便。

http www.bts.co.th

∧ 曼谷空鐵

∧ 可加值儲值卡的地點

1 空鐵 BTS

曼谷最早的捷運系統

目前有淺綠色Sukhumvit Line和深綠色Silom Line（包含支線Gold Line），兩線交匯處爲暹羅站（BTS Siam），曼谷多數景點集中空鐵站周邊，可多加利用。空鐵營運時間06:00～24:00，兒童身高90公分以下可免費搭乘，超過90公分與成人同價，通關閘門關閉迅速，建議成人抱起免票孩童通行，或使用服務台旁的專用通道，此外，榴槤這類氣味較重的食物和氣球都不可攜帶進入空鐵，須注意相關規定。

票種分爲單程票、一日通行票和儲值卡。

單程票：可購於售票機或服務台，費用17泰鉄起，可用現金或LinePay掃碼付款。

一日通行票：可購於服務台，費用150泰

2 地鐵 MRT

與空鐵需分別購票

曼谷地鐵目前有藍線連接高架紫線，營運時間06:00～24:00。由於多數景點集中在空鐵沿線，地鐵相對較不擁擠。目前地鐵有5站與空鐵交匯，並連接ARL及SRT，可分別通往蘇汪納蓬機場及廊曼機場，方便遊客轉乘前往各大景點，然而，地鐵和空鐵爲不同體系，目前尚未整合，需分別購票。

票種分爲單程票和儲值卡。

單程票：可購於售票機或服務台，費用17泰鉄起，身高91～120公分兒童及60歲以上長者

可於服務台購票，享半價優惠。單程票爲一枚塑膠硬幣，感應式入站，投幣式出站。亦可持有EMV Contactless功能的VISA或Mastercard信用卡，在驗票閘門感應付款進站。

儲值卡：可購於服務台，初次購買費用180泰銖，其中30泰銖爲卡片費用，50泰銖爲押金，每次最低儲值金額100泰銖。

🌐 www.mrta.co.th

∧ MRT獨有特色車站

3 計程車
Taxi
先詢問司機是否願意前往目的地

曼谷計程車以跳表計費，起價35泰銖，每次2泰銖累積計費，高速公路過路費另計，搭乘距離及塞車時間都直接影響費率。

∧ 大部分空鐵站周邊都有排班計程車

∧ 泰國計程車以不同顏色區分不同公司

貼心 小提醒

■ 付費記得準備百元以下小鈔，使用500或1,000大鈔常會發生無法找零的狀況。

■ 當地居民習慣在乘車前詢問司機，是否願意前往該目的地，遊客也可比照此法表達禮貌與尊重。

■ 在觀光景點搭乘計程車，通常會遇到司機喊價，假如價格無法接受，或是擔心司機坐地起價，換一輛計程車，直到滿意爲止，或是手機下載Grab或Bolt車輛媒合App，費率依提供的車款或服務而不同，可付現金或綁定信用卡，透過第三方中介，同時保障司機與乘客權益。此外還有另一項保障，個人物品萬一遺留車上，尋回的比例非常高。Grab或Bolt車輛媒合App使用方式可參考P.170實用App。

🌐 Grab車輛媒合系統：www.grab.com

4 摩托車計程車
Motorcycle Taxi
塞車時段好幫手

穿梭在車陣中的摩托車計程車，是曼谷的特殊接駁之一。車費10泰銖起算，有價目表供參考，也可議價。通常在商場旁、空地鐵站旁、住宅區入口和大馬路巷口都設有據點，司機穿著橘色數字背心。常以短程接駁爲主，像是原本步行15分鐘的距離，可縮短在5分鐘內抵達，在炎熱的曼谷街頭，步行5分鐘就可能大汗淋漓，搭乘摩托車不失爲一種輕鬆的轉乘方式，泰國居民也經常使用。

∧ 配備齊全的摩托車司機

- 摩托車計程車的缺點是，後座乘客通常未戴安全帽，或因近距離接觸司機，可能會感到不自在。
- 泰國女性在乘坐摩托車計程車時，通常習慣側坐而非跨坐。
- 可參考P.170實用App，利用Grab或Bolt車輛媒合App叫車。

5 雙條車
Songthaew
隨招隨停，便利性高

雙條車是將貨車置物空間改為雙排座椅，再加裝車頂遮陽擋雨，因而得名Songthaew，是一種泰國常見的接駁方式，在部分城市甚至取代公車成為主要交通工具。

∧ 穿梭巷弄的雙條車，是當地居民經常使用的交通工具

∧ 乘車前先詢問司機是否到達目的地，以免搭錯車或搭錯方向

- 雙條車通常以短程固定路線為主，短程每人9泰銖，不同於公車定點停靠，雙條車可隨招隨停，下車可按鈴通知，車資付給司機，也可找零。
- 尖峰時段經常整車擠滿人，安全性和舒適度不佳，故建議在離峰時間搭乘，感受泰國特有的接駁文化。

6 嘟嘟車
Tuk Tuk
留意觀光區價格

嘟嘟車主要為觀光接駁，讓遊客體驗泰國文化，常見於熱門景點，像是大皇宮、臥佛寺、暹羅商圈及中國城等地區。曼谷市郊可見當地居民搭乘嘟嘟車接駁，像是空鐵三榮站。

∧ 觀光地區的嘟嘟車通常價格較高

∧ 空鐵站周邊排班嘟嘟車為當地居民交通工具之一

- 乘車需喊價，觀光地區費用高於一般行情，舒適度及安全性也低於一般計程車，部分嘟嘟車司機甚至招攬遊客前往可賺取回扣的高價購物站，需特別留意。
- 目前以曼谷主要觀光區MuvMi電動嘟嘟車最值得推薦，透過第三方中介管理，系統營業時間內使用App叫車，可共乘或包車，收費合理，值得遊客體驗。

🌐 曼谷MuvMi電動觀光嘟嘟車：muvmi.co

7 公車 Bus

無空調、有空調，車資也不同

曼谷公車路線多、車款多，為當地居民交通工具之一，有「無空調公車」與「冷氣公車」，車費10～20泰銖不等，上車有專人收費，下車需按鈴。

∧ 無空調公車車款較舊

∧ 冷氣公車車款較新

貼心 小提醒

由於曼谷塞車問題嚴重，尖峰時段每站停靠，非常耗時，且容易遇到扒手，不建議遊客搭乘。想在離峰時段短程體驗，可以手機下載ViaBus查詢周邊公車資訊。

🌐交通路線規劃系統：viabus.co

8 快捷公車 BRT

有機會可以搭搭看

曼谷目前唯一僅存的快捷公車，營運時間06:00～23:40，車費每趟15泰銖。共有12站，可連結空鐵Chong Nonsi站及Talat Phlu站。BRT是冷氣公車，行駛專用車道，提供快速便捷服務，但由於所經地區為當地住宅區，較少遊客搭乘。

∧ 快捷公車Sathorn站與空鐵Chong Nonsi車站相連

∧ 快捷公車為冷氣公車，行駛專用車道

∧ 快捷公車車站

9 私人包車 Limousine

省時舒適自在旅行

利用私人包車前往空鐵或是地鐵未能到達的地區，可節省各種交通工具轉乘的時間，也可省去與司機確認地點的麻煩，尤其是喜歡沿途採買的遊客，可減少戰利品寄存困擾，是當地居民也常使用的旅遊方式。

∧ 包車以Toyota Commuter為常見車款

建議選擇合法註冊、車輛及司機有營業執照的包車公司。一般計程車或私家車經常存在被司機敲詐的風險，以便宜的車費為誘餌，載送乘客前往可賺取回扣的景點，遇到爭議並無第三方中介處理，遊客容易受騙吃虧。選擇優質可靠的包車公司，才能讓旅程順心愉快，包車推薦：愛玩客旅遊。

🌐 愛玩客旅遊：www.facebook.com/TourBangkok

10 交通船&觀光船
Boats
遊覽昭披耶河平價交通工具

曼谷交通船集中在昭披耶河沿岸，分為「交通船」及「觀光船」，在中央/沙吞碼頭站（Central/Sathorn Pier）與空鐵鄭皇橋站（BTS Saphan Taksin）相連結，中央/沙吞碼頭站也是主要的售票據點。

🌐 昭披耶交通船Chaophraya Express Boat：
www.chaophrayaexpressboat.com
🌐 昭披耶觀光船Chaophraya Tourist Boat：
www.chaophrayatouristboat.com
🌐 昭披耶智能電動客船Mine Smart Ferry：
minesmartferry.com

觀光船

以航行於知名景點為主，並包含交通船未停靠的景點。藍色船身及藍旗醒目標誌，並設置上層觀景甲板，有泰、英、中三語簡易導覽，非常適合遊客搭乘，票價每人每次30泰銖。另

有全日通行票150泰銖，線上預購船票另有優惠價格。

∧ 藍旗觀光船

∧ 智能電動客船

交通船

有各色旗幟標示，停靠碼頭各有不同，建議遊客搭乘停靠多數觀光景點的橘旗交通船。票價每人每次16泰銖，部分碼頭可在上船前購票，或是上船後由專人收費，都可以使用空鐵儲值卡（Rabbit Card）感應付費。

∧ 交通船

雙向接駁船

另有交通船聯接東西岸，像是鄭王廟與臥佛寺碼頭雙向接駁船，部分景點及酒店亦提供免費接駁船，可多加利用。

∧ Klongsan碼頭與Siphraya碼頭雙向接駁船

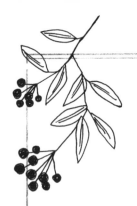

cooking
hot! hot!

泰式綠咖哩

善用醬包，輕鬆煮出飄香綠咖哩

　　風味獨特的泰式綠咖哩，總是讓人百吃不厭，是一道很受歡迎的家常料理，常見以雞肉、豬肉或魚丸為主要食材，亦可由牛肉或大蝦取代。製作泰式綠咖哩，首要步驟為自製綠咖哩醬，傳統做法是將各種香料與香草混合搗碎製成，簡易做法則是以綠咖哩醬便利包取代，可省去備料的麻煩，又縮短烹飪時間，讓料理體驗更輕鬆有效率。

料理時間：20 分鐘

料理難度：★

食材準備：

1. 一般超市的綠咖哩醬便利包，或金湯普森農場品牌(特點是香氣足夠，口感溫和)。
2. 椰奶：推薦 AROY-D 品牌。
3. 魚露：推薦 Golden Drop Genuine Fish Sauce 品牌。
4. 椰棕糖：任一品牌皆可。

購買地點：曼谷各超市。
金湯普森綠咖哩醬需至金湯普森專賣店購買。

金湯普森 >
綠咖哩醬便利包

AROY-D >
椰奶

Golden Drop >
Genuine Fish
Sauce魚露

材料 (2～3 人份)

綠咖哩醬便利包	1 包 (60g)
椰奶	1 罐 (250ml)
雞腿排	1 塊 (180g)
綠圓茄	3 顆
青檸葉、紅辣椒、甜羅勒	少許
魚露、椰棕糖	適量

做法與步驟

1. 雞腿排切塊，綠圓茄切 4 瓣，紅辣椒切片備用。
2. 適量椰奶及整包綠咖哩醬以小火炒香。
3. 加入雞腿塊拌炒至雞肉變色。
4. 加入剩餘椰奶及綠圓茄，並將茄子煮軟。
5. 加入青檸葉及適量椰棕糖、魚露調味。
6. 盛入食器再以紅辣椒及甜羅勒裝飾即可。

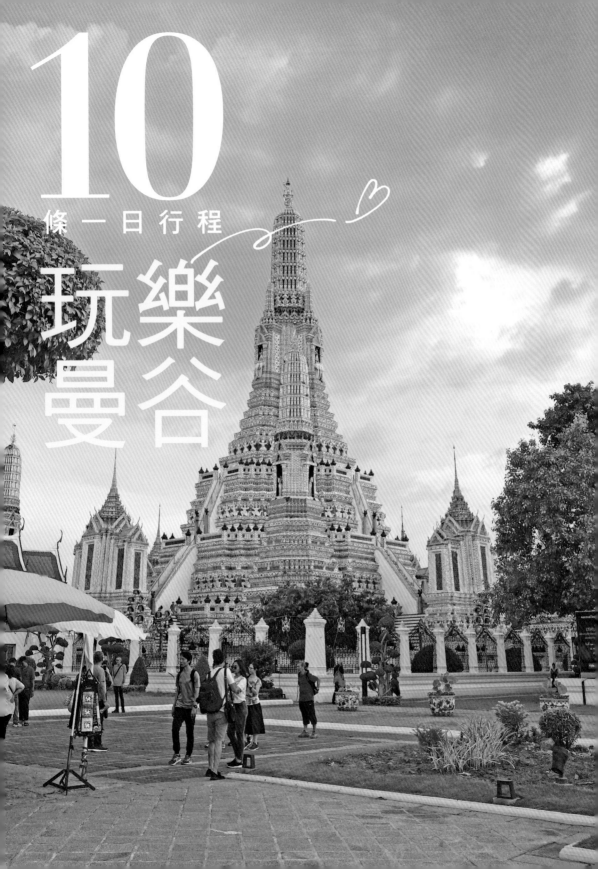

10

條 一 日 行 程

玩樂曼谷

BIG C SUPERCENTER

曼谷購物 ・ 美食 ・ 親子遊

暹羅商圈
siam shopping district

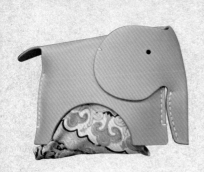

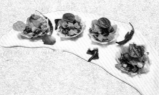

暹羅商圈為曼谷首席購物商圈，是喜愛逛街購物者天堂。One Siam 結合奢華購物中心暹羅百麗宮 Siam Paragon、創意商場 Siam Center 及設計品百貨 Siam Discovery，並連結以「尚泰世界購物中心」Central World 為首的大型購物中心、The Platinum Fashion Mall、Siam Square One、MBK 等重點商場，及集合重點餐飲品牌的新興觀光商城「曼谷市場」The Market Bangkok，都不能錯過。BTS 國家體育館站 (National Stadium)、暹羅站 (Siam) 與奇隆站 (Chit Lom) 之間的空中走廊，串聯縱橫雙向路段，使前往上述各大購物商場更為便捷。商圈範圍內幾處值得觀光的景點，如「金湯普森博物館」、「曼谷海洋世界」及「彩虹雲霄酒店」，可安排在同一天的行程中。

曼谷購物・美食・親子遊。

10:00 ～ 11:00

Start

1 金湯普森博物館

 步行15分鐘

11:15 ～ 12:30

2 曼谷海洋世界

 步行8分鐘

12:38 ～ 16:00

3 尚泰世界購物中心

步行15分鐘

16:15 ～ 19:00

4 彩虹雲霄酒店

步行15分鐘

19:15 ～ 21:30

5 曼谷市場

Goal

一日花費	金湯普森博物館門票	200
	曼谷海洋世界電子票	700
交通未計 幣值泰銖 含稅	彩虹雲霄酒店水果自助餐	550
	午餐及晚餐預估	600
	Total	2,050

交通對策

　　前往暹羅商圈可搭乘空鐵至暹羅站或奇隆站，也可直接由曼谷蘇汪納蓬國際機場搭乘機場快線抵達拉察巴洛站，再步行至購物商場。由於暹羅商圈增設完善的空中步道，避免人車搶道的危險，同時串連各大主要商場，因此提升逛街購物的便利性。此外，選擇曼谷水門區(Pratunam)或暹羅區(Siam)的酒店住宿，可步行前往各大商場與知名景點，減少交通花費，也是不錯的選擇。

N

帕亞泰站
Phaya Thai **N2**

拉察巴洛站
Ratchaprarop

Route 01

4 **彩虹雲霄酒店**
● 77 樓酒店觀景台 ｜ 84 樓迴轉觀景台
● 18 樓水果自助餐

Phetchaburi Rd.

拉差裡威站
Ratchathewi **N1**

水門市場

Ratchadamri Rd.

Phayathai Rd.

金湯普森博物館

Soi Kasemsan 2

5 **曼谷市場**

2 **曼谷海洋世界**
● KidZania Bangkok
● Bombyx by Jim Thompson
● 暹羅百麗宮

**Siam
Discovery**

**Siam
Center**

3 **尚泰世界購物中心**
● Genius Planet ｜ TK park ｜ Playmondo
● Umm! Milk ｜ Hua Pla Seafood

國立體育館站 **W1**
National Stadium

CEN

暹羅站
Siam

Rama I Rd.

MBK 商場

**Thai Style
Studio 1984**

曼谷四面佛

E1

奇隆站
Chit Lom

↓ 往義德善堂

10:00
～11:00

泰國傳統高腳式建築，避免淹水，紅漆外牆為防腐措施。

MAP P.29

1 泰絲大王古宅
金湯普森博物館
Jim Thompson House & Museum

jimthompsonhouse.org jimthompsonhouse
jimthompsonhouse 02-216-7368 每日10:00～
18:00 成人200銖，22歲以下100銖，10歲以下由成
人陪同免費 BTS National Stadium站1號出口，往
反方向走約1分鐘，第一個巷口(Soi Kasemsan 2)右
轉走約3分鐘，位於左側。回程可於Soi Kasemsan 2
巷口搭免費接駁車 博物館內部須參加導覽方可進入
(華語導覽最後場次為17:00)；不可攝影及碰觸任何物件
MAP P.29

　　金湯普森又稱泰絲大王，他在二次大戰前原
本是一位執業建築師，大戰爆發後志願服役於
美軍，輾轉來到泰國，成為駐曼谷的軍官，退
役後，秉持對泰絲的喜愛與設計天賦，致力振
興傳統手工藝，並推廣到世界各地，成功打入
國際市場，只要說到泰國手工絲織品，首推金

湯普森。

　　金湯普森致力保存泰國文化遺產及發展慈善
事業，其古宅由6座泰式柚木建築拼接而成，
遵循傳統設計及宗教儀式，內部有許多見證歷
史的珍貴文物，如今古厝成為博物館，由同名
基金會管理，期望讓更多人欣賞金湯普森的建
築風格與藝術收藏。

∧泰絲大王古宅位於曼谷市中心，近空鐵站，交通便利

Check 博物館導覽行程

　　參加導覽才能參觀博物館內部，現場購票並確認場次，等候時間約25分鐘，在這之間可先參觀古宅花園、泰絲專賣店及餐廳。導覽時間約35分鐘，提供英、泰、華、法、日語服務，門票收益做為古蹟維護與基金會運作，是一處非營利觀光景點，值得探訪。

1.這尊歷經戰爭的佛像，已有1,300年歷史 / 2.泰絲大王古厝是一座花園，也是藝術品博物館 / 3.古宅花園餐廳隨處可見泰絲的創意設計 / 4.泰絲專賣店商品種類繁多，設計精美，獨具特色 / 5.古宅花園展示蠶絲與泰絲製作過程

Close up!
金湯普森系列
特輯放大鏡

半年一次的定期拍賣會

金湯普森特賣會 Jim Thompson Sale

 Jim Thompson　 02-700-2000　 每年6月與12月　 BTS Bang Na站2號出口，依指標往連接國際展覽中心的天橋步道

1.蠶絲洗面球，觸感細緻，值得入手 2.拍賣會場空間寬敞，設置兒童遊樂區，提供托兒服務 3.手提包及配件特賣，價格優惠 4.包裝精美的天然果乾及果醬，提供配套優惠價格

　　金湯普森人型拍賣會，定期於每年6月和12月初在曼谷國際展覽中心（BITEC）舉辦，除了以優惠價格銷售泰絲相關製品，像是服飾、配件、包款及家飾品等，現場也有機會採買金湯普森農場產地直送有機蔬果及相關農產品，像是桑椹風味茶、特製果乾、果醬及蠶絲洗面球，都值得推薦。此外，兼具設計感與高品質的泰絲手提包及配件，也值得在年度拍賣會入手！有興趣者，請留意FB金湯普森粉絲頁的拍賣會訊息。

結合購物與料理的旗艦店
金湯普森專賣店 Jim Thompson Shop Surawong

🌐www.jimthompson.com 📘JimThompson.official 📷jimthompson_official 📞02-632-8100 ⏰每日09:00～21:00 🚇BTS Sala Daeng站1號出口，向後走左轉進入第一條巷子，至巷底右轉，第一條巷子轉角處即為專賣店

1.金湯普森旗艦店風格古樸典雅 2.旗艦店附屬特色餐廳 3.金湯普森位於Central Wolrd的專櫃，設計風格古樸典雅

　　金湯普森除了在泰絲大王古宅設立專賣店，也在曼谷席隆區開設旗艦店，銷售服飾、配件、包款、家飾及訂製品，以結合自家餐廳的複合經營模式，讓遊客在選購商品同時，也可以體驗金湯普森特色料理，享受悠閒的購物氛圍。此外，金湯普森在泰國觀光機場、皇權免稅店、購物中心及精品暢貨中心皆進駐專櫃，方便遊客就近選購。在曼谷地區，兩大國際機場蘇汪納蓬和廊曼，以及商場Siam Paragon、Central World、Iconsiam、Emquartier、King Power皆設有專櫃。

悠閒的購物觀光景點
金湯普森暢貨中心 Jim Thompson Factory Outlet

📞02-332-6530 ⏰每日09:00～18:00 🚇BTS Bang Chak站5號出口，天橋步道靠右走下樓梯，前方93巷右轉進巷子，步行約3分鐘，暢貨中心位於左側

1.暢貨中心門面像是不起眼的廠辦大樓 2.手提包即使為過季花色，款式選擇也很多 3.各款招牌桑椹茶、零嘴及調理包都有配套優惠

　　位於曼谷市郊，可搭乘空鐵抵達，交通堪稱便利。暢貨中心外觀不同於專賣店的時尚設計，比較像廠辦大樓，整棟建築共分為5層樓，1～3樓為泰絲布料區，可提供訂製服務，較適合當地居民。遊客可以直接搭乘電梯前往4、5樓，4樓為主要商品特賣區，品項非常多，服飾、配件、包款、家飾品一應俱全，價格相較專賣店大約5～7折優惠，有時也有低於5折的特賣品，是挖寶的好地方；接受現金及信用卡，也可退稅服務。採購完建議在5樓餐廳休憩停留，享用特製餐點，這裡也買得到特色桑椹茶及零嘴。

從泰絲發想的現代料理
金湯普森泰式創意料理 BOMBYX by Jim Thompson

🌐 jimthompsonrestaurant.com 📞 02-129-4840 🕙 每日10:00～22:00 💲 300銖。使用eatigo 訂位系統，可享餐廳全日各時段餐點折扣優惠 ➡ BTS Siam站3號出口，直通Siam Paragon 購物中心M樓層，再步行或搭乘商場內接駁車前往餐廳 🗺 P.29

1.特調飲品以新鮮玫瑰裝飾，吸管使用紙材，回歸自然原始／2.空間設計崇尚原始概念，並結合現代時尚元素／3.創意混搭傳統料理，Meing Tuna Kraton為必點開胃菜／4.翻轉傳統Khao Soi，重新體驗泰北經典佳餚

　　金湯普森旗下共有5間餐廳位於泰國曼谷，除了前面介紹過的博物館、旗艦店和暢貨中心外，另有其他兩間，空間設計承襲金湯普森精神，風格古樸典雅，其中又以BOMBYX最具特色。這家店的創意發想源自蠶絲，用餐空間充滿現代潮流感。地點位於購物中心內，交通便利，餐點則以異國風味融入泰國傳統佳餚，食材的自然原色與泰絲的豐富色彩相互呼應，崇尚返璞歸真，顛覆泰式料理既有感官體驗，是味覺與視覺皆豐富的創意料理餐廳。

遠離塵囂，走入自然
金湯普森農場 Jim Thompson Farm

📘 JimThompsonFarmTour 📷 jimthompsonfarm ✉ Takob, Pak Thong Chai, Nakhon Ratchasima 📞 02-700-2566 🕙 12月初～1月初(開放日期見官網公告) 💲 成人180銖、身高100～140公分兒童130銖、60歲以上長者90銖 ➡ 離曼谷約4小時車程，建議包車前往，或是參加愛玩客旅遊的「考艾一日遊」行程

1.金湯普森農場以泰絲為創意布置重要元素／2,3.農場最吸引人的景象莫過於迷人的花海

　　農場位於泰國東北部，由曼谷市區前往約4小時車程，距避暑勝地考艾(Khao Yai)約1.5小時車程。每年年底是考艾地區的觀光季節，滿山遍野的向日葵花田，氣候涼爽，景色迷人。金湯普森農場每年這個季節對外開放，除了提供農場導覽行程、欣賞泰絲主題花園及特殊品種有機蔬菜展示，更有依善文化村及體驗蠶絲製作過程，也可購買金湯普森農產品及泰絲手工藝品。若年底來曼谷，不妨安排考艾包車二日遊，來趟特別的田野知性之旅。

色彩繽紛的珊瑚礁及魚群，仿彿迷人的彩虹海洋。

東南亞最大海洋館
曼谷海洋世界
SEA LIFE Bangkok Ocean World

🌐 www.visitsealife.com/bangkok 📘 SEALIFEBang-kokOceanWorld 📷 sealifebangkok_official 📞 02-687-2000 🕙 每日10:00～20:00(最後入場時間19:00) 💲 成人1,090銖、3～11歲兒童890銖，3歲以下免費入場。線上預購電子票享優惠價，兒童票須出示護照 ➡ BTS Siam站3號出口，左轉下手扶梯往G樓美食街，再由美食街搭手扶梯往B1，即可達售票及入口處 👶 11歲以下兒童須18歲以上成人陪同 🗺 P.29

1.海洋館入口處的主題布景，是免費景點紀念照的好選擇 / 2.在玻璃步道觀賞海底世界，別有一番趣味 / 3.重現南極場景，近距離觀察企鵝生態及體驗餵食秀

　　曼谷海洋世界為東南亞最大海洋館，占地1萬平方米，建造於暹羅百麗宮Siam Paragon購物中心地下樓層，提供當地居民及遊客購物之餘的育樂空間。海洋館中的海底隧道，鯊魚群優游其中，壯觀且驚奇，以泰國神話故事為主題，展現當地文化特色。而巨型水族箱裡珊瑚礁及魚群遍布，仿彿彩虹海洋，色彩繽紛奪目，還有仿真熱帶雨林、觀景玻璃步道、南極巴布亞企鵝、巨型蜘蛛蟹及章魚、療癒系螢光水母等，都是海洋世界的參觀重點。

　　海洋館提供各項有趣的體驗活動，像是餵食秀、搭乘玻璃船、4D電影、海底漫步，也有異業合作項目，舉凡學校參觀、企業活動、電影拍攝，甚至是特別的海底婚禮，寓教於樂，更讓人擁有難忘的特殊體驗，是曼谷親子旅遊不可錯過的景點。

12:38 ～16:00

2樓親子休閒園地以
The Rink溜冰場為中心。

5樓泰國知名設計品牌
Propaganda (Mr. P)。

Propaganda

[3] 曼谷必逛地標百貨
尚泰世界購物中心
Central World

http www.centralworld.co.th f CentralwOrld IG central
world ☎02-640-7000 ⊙每日10:00～22:00 ➡BTS
Siam站或Chit Lom站，依指標前往 ❓加入CENTRAL
尚泰集團官方微信號，可獲取更多資訊及享專屬優惠
MAP P.29

由泰國百貨龍頭「尚泰百貨」領頭，為曼
谷市中心最大商場，結合老牌流行生活百貨
ZEN，再加上時尚潮流餐飲空間Groove及聯合
設計品牌新據點Comma And，囊括生活必需商
品及服務，像是國際名品、連鎖餐廳、超市賣
場、教育機構、美容服務及休閒活動等，可說
是全方位一站式購物中心。集團旗下5星酒店
Centara Grand也與商場結合，帶給遊客更便利
的住宿與購物體驗。由於位在空鐵暹羅站與奇
隆站之間，交通便利、人潮匯集，因此前方廣
場經常舉辦主題活動，更是重要節慶及跨年倒
數的主要據點。

1.6～7樓為餐廳及超市 / 2.商場各樓層設置
接駁車服務，隨招隨停，可多加利用 / 3.3樓
Kiss Me Doll童趣絲巾，百搭實用，包裝精美，
為女性熱門商品 / 4.5樓Eleph大象創意收納
購物包，設計感兼具實用性

Umm! Milk

farmchokchai.com ummmilkofficial ummmilk
080-693-4130 每日10:30～22:00 60銖 BTS
Siam站或Chit Lom站，依指標前往Central World購物中心7樓，商店在Atrium Zone近手扶梯 MAP P.29

Central World平價美食之一，Umm! Milk為考艾促猜農場（Farm Chokchai）乳製品品牌，冰淇淋香濃美味，食客都會發出Umm的讚嘆聲，因此而得名。旗下商品有鮮奶、冰淇淋、優格及牛乳片，深受泰國居民喜愛，都是暢銷商品，目前23間分店進駐各大商場，唯有Central World分店位於觀光區，方便遊客前往體驗。

促猜農場位於泰國東北部考艾地區（Khao yai），距離曼谷市區170公里，車程約2.5小時，至今已有50年歷史，為泰國最大酪農場，除了生產牛乳相關製品，同時致力發展綠色觀光產業，提供農場導覽活動，寓教於樂，因此成為考艾知名景點。

1.Umm! Milk尚泰購物中心分店 / 2.考艾促猜農場Umm! Milk本店 / 3.促猜農場乳牛

Hua Pla Seafood

www.huaplachongnonsea.com 02-613-1668 每日11:00～22:00 300銖 BTS Siam站或Chit Lom站，依指標前往Central World 6樓 MAP P.29

Hua Pla Seafood（魚頭爐）創立於1983年，原是曼谷市郊的一家小店，以魚頭火鍋為招牌佳餚，同時提供美味泰式餐點，當地居民口耳相傳打響名號，進而擴充規模，並正式命名為Hua Pla Chongnonsi。走過40個年頭，不斷精進創新，如今設立多處分店，多數遠離曼谷觀光區，其中以Central World分店位於市中心，最方便遊客前往用餐，平價美味的特色餐點，尤其Tom Yum清湯口味魚頭鍋是必點！

∧魚頭火鍋為招牌餐點，咖哩螃蟹及涼拌泰菜也很美味

其他推薦

BTS Siam 站購物中心

曼谷奢華購物中心代表

暹羅百麗宮 Siam Paragon

siamparagon.co.th siamparagonshopping siamparagonshopping 02-610-8000 每日10:00～22:00 BTS Siam站3號出口，直通購物中心M樓 可於OneSiam自助服務機領取遊客優惠卡、折價券及免費Wi-Fi，或加入OneSiam暹羅商圈微信號享專屬優惠 P.29

Siam Paragon與集團旗下的Emporium及EmQuartier百貨，皆以貴族百貨著稱。與空鐵暹羅站有步道相聯通，進入商場M樓層即爲國際精品專區，2樓爲頂級車款展示銷售中心，停車場亦有超跑專屬停放區，足見其客群定位。除了曼谷海洋世界，兒童職業體驗旗艦館Kid Zania(見P.43)，及國際知名美食餐廳皆在此設點，爲曼谷奢華與時尚的指標性購物中心。

1.暹羅百麗宮為知名地標 / 2.OneSiam自助服務機 / 3.4.暹羅百麗宮超市特賣區，買一送一優惠，是挖寶的好地方

文創商品與美食大集合

暹羅中心 Siam Center

siamcenter.co.th SiamCenter siamcenter 02-658-1000 每日10:00～22:00 BTS Siam站1號出口，直通購物中心M樓 同暹羅百麗宮 P.29

曼谷歷史悠久的百貨商場，搖身一變成爲吸引年輕人的時尚中心。1973年開幕後幾經整修，4層樓的舊式建築外觀，內部則演進成結合創意與科技的前衛設計，集合泰國本土文創商品及設計師品牌，並加入國際潮流品牌，銷售櫃位的安排都頗富巧思且潮味十足。美食區有平價連鎖餐廳與人氣個性餐廳等。

1.顛覆商場服務台鮮明色系，取而代之復古工業風混搭科技時尚感 / 2.商場像藝術展，大膽用色結合潮流元素，創意十足

國際設計師品牌大集合
暹羅探索 Siam Discovery

🌐 siamdiscovery.co.th 📘 siamdiscovery 📷 siamdiscovery 📞 02-658-1000 🕐 每日10:00～22:00 🚇 BTS Siam 站1號出口，自Siam Center依指標前往 ℹ️ 可於OneSiam 自助服務機領取遊客優惠卡、折價券及免費Wi-Fi，或加入OneSiam暹羅商圈微信號享專屬優惠 🗺️ P.29

Siam Discovery建築新潮時尚，透視感玻璃外牆，浮動感幾何圖形，內部裝潢以白色調為主，幾何圖形結合前衛設計元素，隨處可見設計師佐藤大的Nendo風格裝置藝術，極富潮流時尚感。

商場集結眾多國際設計師品牌，不同於一般購物空間，打破傳統櫃位設計，各家商品開放式陳列，儼然是藝術展示，Club 21聯合品牌，設計名品一次購足。泰國詩琳通公主殿下創立的商店位於Siam Discovery 3樓，以偏鄉地區產品銷售為主，同時供應特色餐飲，與皇家計畫輔導偏遠地區農民就業的理念相同。商場4樓杜莎夫人蠟像館（Madame Tussauds），是感受

1. 3樓及4樓集結眾多文創商品及伴手禮，可以慢慢逛 / **2.** Phufa Shop以代表二公主的紫色為商標 / **3.** M樓層HIS LAB 為男性專屬購物空間 / **4.** G樓層HER LAB為女性專屬購物空間 / **5.** 由知名設計師操刀，空間設計充滿前衛時尚感

巨星魅力的知名觀光據點。

這裡亦提供創意手作空間，以及潮流商品訂製服務，且不定期舉辦創作藝術相關活動（例如聯合設計展），是一處結合時尚、創意、科技與環保概念的購物中心。

夜幕低垂華燈初上，是84樓天台最美的時刻。

超人氣泰式甜點芒果糯米和芒果盤，都是無限量供應。

[4] 享用高空晚餐與曼谷夜景
彩虹雲霄酒店
Baiyoke Sky Hotel

🌐baiyokehotel.com ❶baiyokeskyhotel ⒾⒼbaiyokesky
hotel ☎02-656-3000 ➡機場快線Ratchaprarop站1號出
口，出站向右走2分鐘至PR Place酒店，進入酒店旁巷
子走1分鐘，左側為Baiyoke Sky停車場入口，靠右穿過
停車場，即可抵達 🗺P.29

彩虹雲霄酒店為
泰國第一棟摩天大
樓，也是曼谷城市
地標，到水果自助
餐，或彩虹雲霄酒
店其他的自助餐消
費，都可免費至77
樓觀景台、83樓室
內高空酒吧及84樓
戶外迴轉觀景台。

✱ 泰國當季水果無限量供應
18樓水果自助餐
Baiyoke Fruit Buffet

🌐baiyokebuffet.com ❶02-656-3939(每日08:30～
19:30) 🕐每日10:30～20:30 💲成人550銖、兒童275
銖，兒童身高超過120公分為成人價，用餐限時90分
鐘，以餐廳現場規定為準 ❓水果依季節變動，可於官
方粉絲頁私訊，詢問當日供應狀況

　　泰國旅遊必定不可錯過當地特色水果，而曼
谷地區又以彩虹雲霄酒店18樓的水果自助餐最
為物超所值。用餐空間寬敞舒適，設施及配備
皆為酒店等級，無限量供應當季新鮮水果，餐
點品項選擇非常多，以水果製作的甜品及鮮果
入菜的泰式佳餚，都包含在吃到飽的範圍內，
還可以提著籐籃自選水果，由服務人員現切水
果盤，其中又以現剖榴槤最吸引人！

　　水果自助餐不需預先購票，也不像其他餐
廳有現場價或預購價的差別，在營業時間內，
前往餐廳櫃檯購票，即可入場享用，用餐限
時90分鐘，購票同時可獲得價值400銖的高空

觀景台入場券，可於當日營業時間內前往參觀。另有不定期促銷優惠，可以上官方Line：@baiyokeskyhotel，即可獲得最新資訊或線上預訂座位。建議選擇16:30～18:30時段用餐，可一併觀賞日景與夜景。

<各種鮮果無限量供應，可一次品嘗泰國特色水果

∧ 街邊小吃甜魚露醬青芒果

∧ 當季新鮮水果無限量供應，6～8月水果種類最豐富

※ 郵寄旅遊明信片的好地方

77樓酒店觀景台
Baiyoke Sky Observation Deck

🌐 baiyokebuffet.com/observation-deck-information
📞 02-656-3000 🕐 每日10:00～23:00 💲 400銖

　　每到一個城市旅行，免不了會登上高塔觀景台，一覽城市風光，而曼谷也有這樣的地方。

　　77樓的室內觀景台，除了可瞭望高空美景，也是一座小型展覽館，有摩天大樓介紹、泰國傳統文物展示，以及觸控式螢幕景點簡介。此外還有供遊客拍照留念的裝置藝術、投幣式望遠鏡、紀念幣製作、郵寄明信片等，想對泰國有初步的了解來到這裡就對了！

<77樓高空景觀及賞景座位區

∧ 摩天大樓紀念幣製作，費用20銖

∧ 泰國特色Tuk Tuk裝置藝術，可拍照留念

※ 曼谷最高觀景台

84樓迴轉觀景台
Baiyoke Sky Revolving View Point

🌐 baiyokebuffet.com/observation-deck-information
📞 02-656-3000 🕐 每日10:00～00:00 💲 400銖

　　彩虹雲霄酒店的露天迴轉觀景台，也是曼谷旅遊必訪勝地。搭乘酒店電梯往77樓，再轉搭另一台電梯往83樓，最後從高空酒吧樓梯間，步行前往84樓。最佳賞景時段在傍晚，戶外氣溫不高，可同時欣賞傍晚日夜交替的美景。觀景台運轉時段為10:00～14:00、15:00～18:00及19:00～22:00，定點就可欣賞360度高空美景，入夜後高塔霓虹燈閃爍變化，在300米高空俯瞰城市燈火輝煌，別有一番浪漫風情。

>高塔上霓虹閃爍與浪漫夜景

∧ 夕陽西下的午後時光

Goal
19:15
～21:30

[5] 曼谷全新概念商城
曼谷市場
The Market Bangkok

🌐themarketbangkok.com 📘themarketbangkok
📷themarketbangkok 📞02-209-5555 🕐每日10:00
～22:00 🚇BTS Chit Lom站6號出口，依指標走天橋
步道往商場 ℹ️可於服務台索取遊客優惠及免費Wi-Fi
🗺️P.29

　　曼谷市場位於Central World對面，同屬曼谷
市中心精華地段，除了具有眾多知名商家及餐
廳，假日市集更號召超過100間店舖，於2樓設
立「恰圖恰專區」，為曼谷首創。空間寬敞舒
適，購物不受限於週末假日，優質店家雲集，
包括傳統小吃、人氣名店（例如人氣名店Zaab
Eli、Praram 9 Kaiyang泰國東北料理、網紅可
頌Maesalong、After You甜點店等）、知名連鎖
按摩會館Let's Relax等，都可以在這裡一站完
成，帶給觀光遊客更便捷的美食與購物體驗。

1.廣受遊客喜愛的泰國自創品牌 / **2.**
泰國知名品牌藍象 / **3.**2樓假日市場
專區有不少恰圖恰商家，同樣物美價
廉，購物環境更舒適 / **4.**外觀設計新
穎的複合商城

其他推薦

BTS Chit Lom 站

曼谷香火最鼎盛的四面佛
曼谷四面佛 Erawan Shrine

🕐每日06:00～23:00 🚇BTS Chit Lom站，走天橋步道往君悅飯店商場
(Grand Hyatt Erawan Hotel)，四面佛位於商場旁十字路口轉角處 ℹ️服務台
提供中文諮詢服務 🗺️P.29

　　位於熱鬧的暹羅商圈君悅飯店商場旁，是曼谷香火最盛四面
佛。參拜方式自由，一般參拜朝向入口處的正面佛像即可，或
由正面開始，依順時針方向每面參拜，可在入口處右前方服務
台購買花環香燭組合當祈願用品（依照原有參拜方式，每面平均
使用花環香燭，不需焚燒香燭，以響應環保），參拜完可洽詢服
務人員提供聖水局部潑灑全身，消災去厄。倘若願望達成，需
向四面佛還願答謝，一般會供奉鮮花、木雕大象，或是請舞者
跳舞；還願費用公定，可向服務台諮詢。

1.四面佛為泰國當地重要信仰 / **2.**在
夜晚依舊香火鼎盛 / **3.**請舞者跳舞還
願也有公定價目表

免費兒童遊樂空間

Genius Planet

⊙每日10:00～22:00 ⑤免費 ⊖BTS Siam站或Chit Lom站，位於Central World 6樓Zone D(Dazzle Zone) ❓出示證件或護照登記，可免費租借汽車造型幼兒推車 🗺P.29

1.免費兒童遊樂空間是親子休憩的好選擇 / 2.小型遊樂場提供多項適合幼童的付費設施 / 3.地點位於7樓超市賣場正下方

Genius Planet是結合才藝教室與遊樂設施的教育中心，以各家教學機構爲主，親子休閒空間爲輔。公共區域寬敞舒適，時尚與安全兼具的大型攀爬區，木質層板結合軟墊設計，降低碰撞風險，提高安全性，另有小型幼兒遊戲區及遊樂場，整體來說適合年齡2～6歲或身高120cm以下兒童。除了可免費租借汽車造型的幼兒推車，消費滿額還能免費搭乘小火車一次，是理想的親子休憩站。

曼谷多元時尚圖書館

TK Park

🌐tkpark.or.th ⨍tkparkclub ⦿tkpark_th ☎02-257-4300 ⊙週二～日10:00～20:00 ㊡週一 ⑤一日通行感應磁卡20銖，押金50銖(離場退還) ⊖BTS Siam站或Chit Lom站，至Central World 7樓超市水果區，再搭手扶梯前往8樓圖書館 ❓遊客需提供護照登記。一日通行證可在營業時間內自由進出 🗺P.29

TK Park爲Thailand Knowledge Park的簡稱，顧名思義是一處知識匯集的地方，位於曼谷市區尙泰世界購物中心，提供當地居民交通便捷的閱讀環境。內部設計顛覆傳統圖書館形象，並多元化結合書籍、音樂、多媒體活動，其中專屬3～12歲兒童的閱讀空間，設計極富時尚與創意，環境也很舒適，除了提供豐富的英、泰文分齡圖書資源，並免費供應勞作材料和幼兒玩具，此外，兒童圖書區是獨立空間，不擔心不經意的嘻笑聲影響其他閱讀者，讓學齡前

1.圖書館活潑時尚設計，搭配鮮明紅白色調，整體非常醒目 / 2.蜂巢設計親子空間，結合閱讀與攀爬探索的樂趣 / 3.樹屋概念的閱讀空間

的幼兒也能盡情享受探索的樂趣，是一處優質的親子共讀園地。

複合兒童遊樂空間

Playmondo

🌐playmondo.com ⓕplaymondo ⓘplaymondo ☎02-
103-2455 ⏰每日10:00～20:00 💲兒童身高64公分以下
免費，65公分至13歲660銖，成人260銖，限時3小時，
超時每半小時50銖 ➡BTS Siam站或Chit Lom站，位在
Central World 2樓Zone F (Forum Zone)溜冰場旁 ❓入
場需穿著有防滑功能的襪子，7歲以下兒童須成人陪同
🗺P.29

Playmondo為複合兒童遊樂空間，占地約
1,000平方米，空間規畫以軟墊設施為主，強調
能安全無虞地盡情玩樂，適合3～8歲兒童。全
館分為4個主題區域，海洋區的粉藍色球池及
滑梯，森林區的彈跳攀爬空間，火山區的戰鬥
射擊活動，沙漠區的多媒體互動遊戲，閱讀主
題區有許多有趣的彩繪童書。每日各時段提供
不同的學習活動，有主題手作課程、廚藝教室

1.Playmondo周邊免費攀爬及休憩區 / 2.雷射戰鬥體驗 / 3.適合
3～8歲兒童的遊樂天堂

及科學體驗，不定期舉辦魔術秀、氣球表演、
身體彩繪等活動，還可舉辦一場熱鬧有趣的主
題派對呢！

兒童專屬職業體驗城

KidZania Bangkok

🌐bangkok.kidzania.com ☎02-683-1888 ⏰週一～五
10:00～17:00，週末10:30～20:30 💲週一～五：2～3
歲700銖，4～14歲1,100銖，15歲以上及成人640銖。
週末及國定假日：2～3歲875銖，4～14歲1,350銖，15
歲以上及成人800銖。2歲以下免費。線上預購電子票
享優惠價 ➡BTS Siam站，往Siam Paragon的North
Zone，再搭電梯往5樓 ❓8歲以下兒童須成人陪同 🗺
P.29

KidZania就像一座兒童專屬迷你城市，與國
際知名品牌及本地企業集團合作，提供4～14
歲兒童各項有趣的職業體驗。位於購物中心暹
羅百麗宮5樓，空間寬廣，環境舒適，兩層樓
的仿真城市建築，包含家長休息室和幼兒遊戲
室，以及多達80項比照真實世界的職業選擇，
絕對能讓孩子度過愉快又充實的一天。

KidZania有趣的地方是各項職業都有關聯，

1.職業體驗城就像一座小型城市 / 2.售票櫃檯是知名廉航航
空，出示登機證享優惠 / 3.體驗活動都是在實地操作中學習

如同在真實世界一般，每個項目都由孩子們獨
立參與，輔導員以英、泰文為主，親切協助兒
童學習，訓練獨立自主與溝通合作，建立自信
心與成就感，是值得推薦的親子育樂空間。

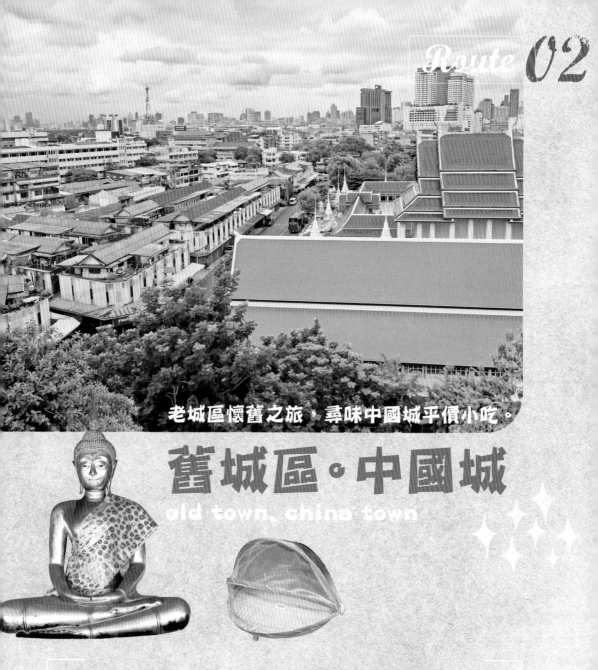

老城區懷舊之旅，尋味中國城平價小吃。

舊城區・中國城
old town, china town

泰 國為東南亞佛教大國，佛教在泰國有著極其崇高的地位，在首都曼谷就有眾多寺廟，許多泰國人在重要節日都會前往寺廟禮佛參拜，除了經典必訪的觀光勝地大皇宮玉佛寺，以及歷史悠久的臥佛寺，老城區還有不少值得探訪的寺廟，像是高聳的「金山寺」、世界僅存的「金屬廟」，以及古老的皇家寺廟「蘇泰寺」，細細品味舊城區走過百年歷史的「南仁市場」，以及傳統祭典地標「大鞦韆」。傍晚時分再朝人聲鼎沸的「中國城」前進，感受曼谷車水馬龍的繁華景象，大啖美味小吃。

老城區懷舊之旅，
尋味中國城平價小吃。

09:30
~
11:30
Start

1. 金山寺

 搭嘟嘟車約8分鐘

11:38
~
13:30

2. 南仁市場

 搭嘟嘟車約8分鐘

13:38
~
15:30

3. 金屬廟

 搭嘟嘟車約5分鐘

15:35
~
16:30

4. 大鞦韆

🚶 步行1分鐘

16:31
~
17:30

5. 蘇泰寺

 搭嘟嘟車約10分鐘

17:40
~
20:00
Goal

6. 中國城

交通對策

老城區觀光景點多，經常遇到司機喊價，因此推薦使用Tuk Tuk Hop。這個系統專屬老城區接駁，手機下載嘟嘟車一日暢遊服務，可避免議價的麻煩，輕鬆往返知名景點、地標及酒店，省時又便利(見P.171)。

(見P.171)

一日 花費 幣值泰銖 含稅	Tuk Tuk Hop一日遊	399
	金山寺	100
	金屬廟內部參觀	20
	蘇泰寺內部參觀	100
	午餐及晚餐預估	500
	Total	1,119

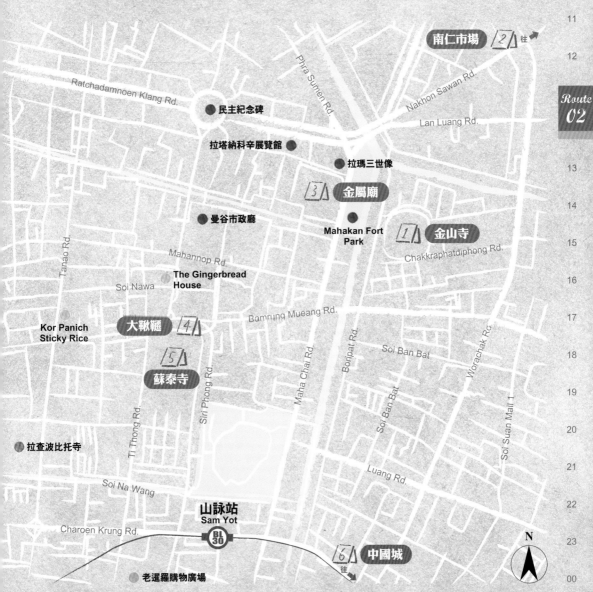

09:30 ～ 11:30

金山寺外觀。

在金山寺頂部可眺望金屬廟及城市景觀。

登山步道途中可見金山寺模型

① 曼谷最高寺廟
金山寺
Wat Phu Khao Thong

🌐 watsrakesa.net 📘 watsraket ☎ 02-621-2280，092-690-9222，086-562-9368 🕐 每日07:30～19:00 💲 100銖 🚇 MRT Sam Yot站3號出口，再轉嘟嘟車約5分鐘 ❓ 參觀寺廟不可穿著無袖或露背上衣，也禁止短褲、短裙或緊身褲 🗺 P.47

金山寺原名Wat Saket，是一座可追溯至大城王朝時期的古老寺廟，爾後在拉瑪三世時期，開始在寺院搭建人造山，直至拉瑪五世完成今日樣貌，高78公尺，山丘周圍有護土牆，頂部有座金光閃閃的舍利佛塔，存放著佛陀舍利子，因此會有眾多信徒前來參拜祈福，泰國貨幣2銖以金山寺為圖騰，可見其重要性。

整座金山環繞著坡度平緩且鋪設良好的步道，登上頂部要爬300多階，周圍有佛教相關

人工造景，半山腰處有祈福青銅鐘，山頂除了金色佛塔，周圍則是欣賞老城區市景的360度瞭望台，登高眺望城市街景，感覺心曠神怡。

金山寺除了平時供民眾參拜祈福，在每年11月水燈節期間也會舉辦禮佛盛會，慶祝活動持續進行一週，並開放夜間祈福，寺院張燈結綵，氣氛熱鬧，匯集大批人潮，是曼谷非常著名的寺廟活動之一。

∧ 藏身金山寺中的咖啡館

∧ 寺院中的祈福許願樹

11:38 ~ 13:30

南仁市場
曼谷老城區的百年市場
Talat Nang Loeng

🕐 每日08:00～15:00　🚇 MRT Sam Yot站3號出口，再轉嘟嘟車約10分鐘　ℹ 商家營業時間不同，中午前都會開始營業　MAP P.47

　　Talat Nang Loeng為老城區特色市集，自西元1900年泰皇拉瑪五世時期創建至今，已有100多年歷史，這裡曾是曼谷首座地標，聚集眾多商販及當地居民，成為重要交易集散地，現今仍保留古屋老宅及傳統市場。

　　每日上午約莫7點，攤商開始陸續營業，有許多生鮮食材與即食餐點；市場中販售各式傳統小吃及點心，其中以甜點最具知名度，各式各樣的泰式傳統點心，遵循古法製作，簡單美味。市場中央設置用餐座位區，好比百貨商場的美食街，周邊有不少歷史悠久的老店，像是成立於1944年的泰榮鴨肉麵、泰式自助餐Khao Gaeng Ruttana，以及泰國傳統宮廷料理Khao Chae專賣等，都值得一試。想要體驗曼谷在地文化及風俗民情，必訪老城區百年市場！

1.70年老店泰榮鴨肉麵，推薦滷鴨餛飩麵 / 2.超人氣泰式自助餐，泰式咖哩值得試試 / 3.炭烤香蕉，是泰國常見街邊小吃，通常會沾焦糖醬一起食用 / 4.傳統泰式甜點 / 5.充滿古早味的傳統市場 / 6.蒸韭菜粿，常見有筍絲、芋頭、韭菜等內餡變化，可搭配甜醬油、辣椒醋一起食用

豆知識

泰國傳統宮廷料理Khao Chae

　　khao是泰文米飯的意思，Chae則是浸泡，將米飯浸泡在冰涼的茉莉花薰香水中，搭配炸蝦醬香料丸、祕製香魚片及甜醃菜，配菜精緻度及盛盤擺飾，各餐廳略有不同，尤其是皇家食譜更是講究細節，通常在3～5月泰國熱季推出，沁涼消暑。

金色泰式甜點

　　市場常見的傳統泰式甜點，用於重要場合或儀式中，像是婚禮或慶典，帶有祝福的含意，有Thong Yip、Thong Yod、Foi Thong等三種不同形狀，原料同為蛋黃、砂糖、香蘭葉及茉莉花香糖漿。

∧ Thong Yip　　∧ Thong Yod　　∧ Foi Thong

13:38 ～15:30

遊玩鐵則
務必進入金屬建築內部參觀，並登上頂部欣賞美景。

1.金屬廟建築結構特殊，非常壯觀耀眼／2.可進入內部3樓拱門處，近距離觀賞建築結構／3.金屬廟內部供奉許多佛像／4.金屬廟最頂部供奉佛陀舍利／5.佛陀舍利下方走廊是360度觀景台

3
唯一僅存的世界三大金屬建築
金屬廟
Loha Prasat
(Wat Ratchanaddaram Worawihan)

 watratchanadda 089-683-5953 每日09:00
～17:00 內部參觀外國人20銖，泰國人10銖，15歲以下免費 MRT Sam Yot站3號出口，再轉嘟嘟車約5分鐘 參觀寺廟不可穿無袖或露背上衣，也禁止短褲、短裙或緊身褲。露天走廊空間狹小，需注意安全
 P.47

Loha Prasat是一座以金屬建築聞名的皇家寺廟，是曼谷非常獨特的景點，也是目前世界僅存的金屬建築，並於2005年提交聯合國教科文組織，期望列入世界遺產。

金屬廟由泰皇拉瑪三世於1846年授命建造，外觀是城堡造型，金屬尖塔共有3層，總高度36公尺，底部尖塔24個，中間12個，最上層1個，組合成為金字塔結構，加起來總共37個金漆黑色金屬尖塔。金屬廟底部有許多梁柱，宛

豆知識
世界三大金屬建築
世界上曾經出現的金屬建築有三座。第一座是在2,500年前的佛陀時代，由印度建造了包含1,000間客房的金色尖頂金屬城堡。第二座則是建造於斯里蘭卡，也就是以前的錫蘭，該建築共有9層樓，以銅片覆蓋屋頂，牆面裝飾寶石、原木和象牙。可惜這兩座金屬建築皆已不存在，僅存曼谷的金屬廟。

如迷宮般記載著建築的歷史，最頂部供奉佛陀舍利，其下方的露天走廊可欣賞城市美景，而登上最高處參拜佛陀舍利，還可遠望金山寺。

金屬廟與金山寺相距不遠，可依本行程安排同日參觀，登上各別塔頂，遙遙相望，欣賞兩座建築的外觀與景致。

15:35 ~16:30

大鞦韆，
右邊爲蘇泰寺。

4 老城區地標，周邊古宅老店不容錯過
大鞦韆
Sao Chingcha (The Giant Swing)

🕐 每日24小時 ➡️ MRT Sam Yot站3號出口向右走，遇第一個十字路口右轉，直行8分鐘抵達；或轉嘟嘟車約3分鐘 🗺️ P.47

1.大鞦韆周邊有許多舊屋老宅 / **2**.大鞦韆左邊爲曼谷市政廳及廣場

大鞦韆建於拉瑪一世時期，西元1784年落成，高達21公尺，爲一座巨型鞦韆，在1920年搬遷至現址，緊鄰皇家寺廟蘇泰寺，作爲婆羅門宗教儀式之用。鞦韆的梁柱象徵連接天庭的橋梁，基座代表人間，祭司在擺盪鞦韆的過程中，衡取掛於頂部的錢袋，象徵迎接婆羅門天神至人間。然而儀式中意外頻傳，便漸漸不再使用，經過多次損壞修復，於泰皇拉瑪九世在位期間，授命舉行拆除重建儀式，便成了目前的鞦韆外觀，僅做皇家儀式用途，原有舊物則保存至曼谷國家博物館。

由於大鞦韆具有歷史意義及宗教象徵，因此成爲曼谷老城區重要地標，其周邊亦有不少歷史悠久的古宅老店，是熱門的觀光景點區。

大鞦韆周邊甜品名店

泰國宮廷祕製甜品老店
Kor Panich Sticky Rice

ⓕKor panich sticky rice ☎02-221-3554，062-740-3553 ◷每日07:00～18:00 ㊡請見Facebook公告 ➡在大鞦韆面向蘇泰寺往右沿Bamrung Mueang Rd.步行3分鐘，再順著圓環向右進入Tanao Rd.步行1分鐘，位於右側(可認前方醒目芒果攤) ⱢP.47

創始於1932年，源自宮廷祕製配方，並選用清萊米，春蓬府椰子製作椰漿，香氣清新，口感極佳，爲曼谷老字號甜品店，除了芒果糯米，還有其他各式糯米甜品也非常可口。榮獲米其林推薦，現場座位少，建議外帶。

1.榮獲米其林推薦的Kor Panich Sticky Rice爲老字號甜品店，紙袋包裝的外帶糯米是熱門商品

百年古宅甜品屋
The Gingerbread House

ⓕhouse2456 ☎097-229-7021 ◷週一～五11:00～20:00，週末與假日09:00～20:00 ➡在大鞦韆背對蘇泰寺向前方Dinso Rd.直行1分鐘，左轉進入第一條巷子(Soi Lang Bot Phram)，位於右側 ⱢP.47

這屋子從1913年建造至今已超過100年歷史，源自拉瑪四世時期的西化潮流，是當時盛行的西洋風格泰式宅院。如今傳承至第四代，轉型爲古宅咖啡屋，點心以泰式甜品爲主，融合西式糕點；古宅內部氣氛復古華麗，值得前往探訪。

1.甜點如同建築風格，西式糕點混搭泰式風味 / 2.古宅外觀 / 3.花園座位區 / 4.古宅內部復古典雅

蘇可泰王朝時期青銅佛像
與正殿內部精美壁畫

⑤ 泰國一級皇家寺廟之首
蘇泰寺
Wat Suthat

📘WatSuthatBangkok 📞02-622-2819 🕐每日08:30～
20:00 💲正殿參觀外國人100銖，泰國人隨喜捐獻；租
借沙龍押金100銖 🚇MRT Sam Yot站3號出口向右走，
遇第一個十字路口右轉，直行8分鐘抵達；或轉嘟嘟車
約3分鐘 ⓘ參觀寺廟不可穿無袖或露背上衣，也禁止短
褲、短裙或緊身褲 🗺P.47

1.蘇泰寺外觀 / 2.佛像供奉長廊 / 3.拉瑪八世紀念碑與石雕、石塔

蘇泰寺最初建造於1807年卻克里王朝拉瑪一
世時期，地點位於當時首都中心，為一級皇家
寺廟之一，有著顯著的重要地位，寺廟修建時
間頗長，直至拉瑪三世才完成（西元1847年）。

蘇泰寺擁有泰國最長的佛像供奉長廊，正殿
供奉源自蘇可泰的青銅佛像，也是泰國最大的
佛像。精美的壁畫，講述佛教故事；雕刻精緻
的大門，為源自大城時期（1350～1767年）最美
的工藝；正殿外部有拉瑪八世紀念碑、石塔、
石雕及銅馬。每當萬佛節及佛誕日，居民都會
前往禮佛參拜，除了是當地重要寺廟，同時也
具有文化藝術價值。

參觀寺廟外部免費，且盥洗室有冷氣開放。
此外，不同於其他一級寺廟，蘇泰寺是曼谷唯
一一座夜間也可參觀的寺廟。

6 一整天都熱鬧

中國城

China Town

🕐 每日18:00～02:00 🚇 MRT Wat Mangkon站1號出口，出站步行3分鐘抵達Yaowarat Rd.即是中國城範圍 ⓘ 部分街邊小吃週一公休，但餐廳仍有營業 **MAP** P.47

中國城位於曼谷舊城區周邊，是一處充滿驚喜的地方，白天有熱鬧的市場和商家，入夜後有街邊小吃和平價海鮮熱炒，就連半夜都有批發市集可以採買，像是一座不夜城，隨時迎接遊客到來。

中國城的街邊小吃和海鮮熱炒店，營業時間

∧ 中國城耀華力路(Yaowarat Rd.)車水馬龍的景象

1.各式各樣的街邊小吃，種類多元化／2.平價海鮮熱炒大排檔／3.中國城燕窩魚翅專賣店選擇非常多／4.在中國城有機會買到物美價廉的新鮮榴槤／5.中國城美味豬雜粿汁，推薦金字招牌「胖老闆」(位於聯成興大金行對面)

> **豆知識**
>
> ### 中國城順遊夜市
>
> 通常遊客在走訪曼谷河畔夜市(Asiatique The Riverfront)之後，如果還有體力，會再沿著石龍軍路(Charoen Krung Rd.)，順道前往中國城夜市，體驗特色平價小吃。
>
> ### 豬雜粿汁(Kuai Chap)
>
> 豬雜粿汁為中國城特色小吃之一，濃郁湯頭，胡椒香辣，除了粿條，更加入鮮嫩豬雜及脆皮燒肉，搭配脆油條享用，口感層次豐富，為米其林推薦必嘗美食。

和多數夜市差不多，甚至是更晚，倘若體力足夠，可以安排其他夜市之後前往。週末假期是中國城最熱鬧的時候，人潮也非常多；週一則有部分攤商公休，然而頗負盛名的燕窩魚翅專賣店、T&K平價海鮮，以及豬雜粿汁仍舊照常營業，不喜人潮擁擠及喧鬧吵雜，倒是可以安排週一前往，感受不同氛圍的中國城街景。

學泰國人捐棺材，行善積福

泰國義德善堂

Ruamkatanyu Foundation

ⓕ ruamkatanyufoundation ☎ 02- 235-4347 ◷ 每日24小時 💲 隨喜捐獻 🚇 MRT Sam Yan站1號出口，靠左步行1分鐘 ℹ 響應環保，已不燒香祈福 🗺 P.29

1.泰國義德善堂分堂交通便利，方便信眾捐款行善 / 2.在服務台捐款後，將粉紅色單據貼在木棺上 / 3.依照義工指示向神明祈福許願

義德善堂爲泰國華僑發起的慈善宗教團體，成立宗旨在救助窮困百姓，有許多分堂遍布各地，是知名的慈善機構。在交通事故或救災行動現場，都會看到義德善堂義工協助救難，其中最爲人熟知的是往生者的後事處理，將信眾捐獻的善款爲無名屍或窮困者購置棺材。泰國人相信助人可積福，布施棺木爲善舉，因此，當地居民前來捐款及參拜神祇的信眾非常多。

捐款的方式很簡單，在服務台依說明填寫粉紅色單據，棺木每副500泰銖，亦可隨喜樂捐，義工同時提供官方收據，將粉紅色單據貼在空的木棺上，並依照義工指示及標記順序參拜神祇，祈福結束後，官方收據可焚燒或留存，並擊鼓鳴鐘告知天聽，即完成此項善舉。

搭乘紅眼航班的好去處

山燕商城

Samyan Mitrtown

🌐 samyan-mitrtown.com ⓕ SAMYANMITRTOWN ⓘ samyanmitrtown ☎ 02-033-8900 ◷ 一般區10:00～22:00 🚇 MRT Sam Yan站2號出口，依指標前往，可直通商城

1.商城與酒店共構 / 2.商場連接地鐵的隧道，爲首創施工展示設計 / 3.空中花園可欣賞城市景觀

山燕商城爲社區型生活商城，結合商辦、住宅、商店及餐廳，其中包含與商城共構的三Y飯店（Triple Y Hotel），連通地鐵，可轉乘機場快線，是遊客住宿優質選擇。

商場B1～4樓包含零售商店及連鎖餐廳，4樓Food Legends美食街匯集在地平價小吃，B1的Big C首次推出24小時營業超市Big C Food Place，其他全天候營業的有星巴克、肯德基、雙聖冰淇淋Swensen's，以及泰國本土連鎖迴轉火鍋Shabushi、A拉麵、Pranakorn船麵等；位於3樓的Apron Walk則可採購聯合品牌的泰式食材及烹飪器具。除了部分區域24小時開放爲最大特色，5樓空中花園爲欣賞城市美景的開放空間，也可同時看見曼谷兩座摩天大樓！

623 ArT
GALLERY

昭披耶河古蹟熱點巡禮。

昭披耶河
Chao Phraya River

遊覽昭披耶河為造訪曼谷的重點行程之一，曼谷舊城區河岸除了頗負盛名的夜遊湄南河晚宴，搭乘平價的觀光船欣賞河岸風光，也是不錯的體驗方式，選擇購買觀光船全日票，在營運時間內不限搭乘次數，可以搭完全程飽覽美景，或是停留各大碼頭參觀古蹟遺址，一次體驗知名景點「大皇宮」、「臥佛寺」、「黎明寺」、「曼谷河畔夜市」，以及新興地標「暹羅天地」或美麗的育匹蔓花市，感受新舊城市相融風貌，為自由行不可錯過既輕鬆愜意又經濟實惠的遊船行程。

Route 03 行程計畫

昭披耶河
古蹟熱點巡禮。

09:00 ~ 11:00
Start

① 大皇宮＆玉佛寺

 步行約10分鐘

11:10 ~ 12:30

② 臥佛寺

步行約3分鐘

12:40 ~ 14:40

③ Sala Rattanakosin
Eatery & Bar

步行前往碼頭＋等候雙向接駁船＋乘船抵
達對岸約15分鐘

15:00 ~ 16:30

④ 黎明寺

搭觀光船約30分鐘

17:00 ~ 19:00

⑤ 暹羅天地

搭乘10銖接駁船前往中央/沙吞碼頭，轉
乘曼谷河畔夜市免費接駁船，全程預估40
分鐘

19:40 ~ 22:00

Goal ⑥ 曼谷河畔夜市

交通對策

昭披耶河兩岸古蹟參觀以搭乘交通船或觀光船最為便利。首先，搭乘空鐵至鄭皇橋車站(BTS Saphan Taksin)，由2號出口出站，沿著長廊向前走，即可抵達中央／沙通碼頭(Central / Sathorn Pier)，這裡是交通船、觀光船、景點及酒店接駁船的匯集地，也是乘船首站。多數遊客以搭乘下列三種船為主，可依個人旅程需求，挑選合適的交通工具，展開知性古蹟遊覽之旅！

- **昭披耶交通船(Chaophraya Express Boat)：** 插「橘旗」，單程票16銖，價格經濟實惠，停靠多數主要景點。
- **昭披耶觀光船(Chaophraya Tourist Boat)：** 插「藍旗」，單程票30銖，船隻設備優於交通船，提供船上語音導覽及全日通行票(150銖)服務。
- **智能電動客船(Mine Smart Ferry)：** 單程票20銖，感應支付、電動船及先進碼頭，可連結BTS深綠線及金線、MRT藍線及紫線。

昭披耶交通船　　昭披耶觀光船　　智能電動客船

一日花費	大皇宮&玉佛寺門票	500
幣值泰銖含稅	臥佛寺門票	200
	黎明寺門票	100
	船票預估	60
	午餐及晚餐預估	600
	Total	1,460

∧ 中央碼頭匯集各色交通船，其中藍旗為觀光船，可前往專屬服務台購票

∧ 昭披耶交通船

∧ 昭披耶觀光船

暹羅天地
Iconsiam 5

siatique 6
曼谷河畔夜市

S6-BTS
Saphan Taksin
(鄭皇橋車站) N3

BTS Charoen Nakhon
廊1919

河城購物中心

N5

中國城

黎明寺 4　Sala Rattanakosin Eatery & Bar

N8　N9　N10

3　Tha Maharaj　N13

N7　2　1
育匹蔓花市　臥佛寺　大皇宮、玉佛寺　普拉蘇梅砲台

MRT-Sanam Chai　↓往 MRT-Sam Yot 與 Mega Plaza

09:00 ~ 11:00

玉佛寺外觀。

1 泰國必訪最重要皇宮
大皇宮&玉佛寺
The Grand Palace & Wat Phra Kaew

www.royalgrandpalace.th/en/home ☎02-623-5500 #2170、2171 ⏰每日08:30~15:30 💲1.外國人500銖，泰國人與120公分以下兒童免費。2.租借沙龍押金100銖。3.八國語音導覽租借費用200銖，需提供護照，使用1.5小時，可租借時間08:30~14:00 🚌搭觀光船抵達Tha Chang碼頭，依指標走地下道直達皇宮，或搭乘MRT抵達Sanam Chai站1號出口，直行13分鐘 ℹ️1.參觀皇宮及寺廟不可穿著無袖或露背上衣，也禁止短褲、短裙或緊身褲。2.進入玉佛寺需脫鞋，跪坐祈福時，腳板不可朝向佛像。3.殿堂內嚴禁攝影。4.購買大皇宮門票可免費參觀其他景點，可留意票根列出的相關活動 🗺️P.59

大皇宮建於西元1782年拉瑪一世時期，18～20世紀曾是暹羅王國的皇宮，除了是皇室居住地，也是政府機關所在地，內部包含供奉著泰國國寶玉佛雕像的玉佛寺，在泰國王宮中有著非常重要的地位。

大皇宮建築群以大城時期的皇宮為藍本，有濃厚的泰國特色，占地廣大、金碧輝煌，雖然目前並非皇室居住地，但凡皇家重要儀式仍舊在此舉行。

玉佛寺為大皇宮建築群之一，為泰國宗教聖地，大雄寶殿內供奉泰國國寶玉佛雕像，由整塊翡翠雕刻而成，泰國國王每年依照熱季、雨季、涼季為玉佛更衣，表示尊敬並祈求國泰民安，為皇家重要儀式之一，從拉瑪一世時期至今承襲不變。遊客入內參觀祈福，除了遵守服儀規定，也須脫鞋以表尊敬。

 | 參 | 觀 | 重 | 點 |

Check 4 節基皇殿

為大皇宮內唯一泰式歐風設計建築。

Check 1 泰國藥師始祖

進入參觀會先參觀到。相傳以其前方磨石研製草藥，可對疾病產生奇效。

Check 5 錫蘭式金色佛塔

塔內存放佛陀舍利。

Check 2 玉佛寺牆面

設計工法相當精緻，金色大鵬鳥為皇室圖騰。

Check 6 泰式藏經閣

內部收藏拉瑪一世時期的經文典籍。

Check 3 彩色馬賽克磚鐘樓

目前只鳴響於特殊時期。

Check 7 碧隆天神殿

皇室宗廟，同時象徵泰國與高棉文化的融合。

06
07
08
09
10
11
12

Route
03

13
14
15
16
17
18
19
20
21
22
23
00

Bangkok 61

臥佛身長46公尺，高度15公尺，為曼谷最大臥佛。

遊玩鐵則

必訪金身臥佛！

臥佛寺入口的皇冠拱 >
門，以切割成花瓣形
狀的磁磚拼接裝飾

[2] 泰國傳統按摩發源地
臥佛寺
Wat Pho

http watpho.com f watphonews C 083-057-7100 G 每
日08:00～17:00 $200銖，兒童身高120公分以下免費
→ MRT Sanam Chai站1號出口，直行約3分鐘，售票
處位於左側 ❓1.參觀寺廟不可穿無袖或露背上衣，也
禁止短褲、短裙或緊身褲。2.進入內殿需脫鞋並保持肅
靜。3.女性注意不可碰觸僧侶 MAP P.59

臥佛寺為曼谷規模最大的寺廟，也是最古老
的寺廟之一，至今已有230年歷史，拉瑪一世
時期開始修建，為泰國一級皇家寺廟，目前的
寺廟範圍及大致外觀則是在拉瑪三世時期建造
完成。

| 參 | 觀 | 重 | 點 |

Check 1
臥佛大殿

臥佛大殿供奉的「金身臥佛」最為人所熟
知，也是遊客參觀重點，佛殿內為長方形迴廊
設計，由梁柱包圍一尊涅槃姿態臥佛，鑄造
工藝精美。殿內壁畫為佛教歷史及泰國史詩故
事，寺院石板銘文則記載著不同學科的知識，
傳遞出臥佛寺是泰國最早公共教育中心的特殊
地位。

佛教壁畫精美 >
且具有歷史及
文化意義

臥佛腳底高度 >
5公尺，以珍
珠母貝鑲滿圖
像，非常精緻

Check 2　臥佛泰式傳統醫藥學院

全名為Watpho Thai Tranditional Massage School，為泰式古法按摩的發源地，目前仍持續教學授業，亦提供按摩服務，每日08:00～19:00（最後預約時間18:00），周邊共6間分店提供不同服務項目，營業時間亦略有不同。
http www.watpomassage.com

Check 3　佛像與佛塔

臥佛寺主殿供奉金佛，為舉行寺廟儀式場所，周圍長廊及寺院各處共計超過1,000尊佛像，寺院中尚有四王寶塔及其他大小佛塔90餘座，因此有「萬佛寺」之稱，同時兼具歷史與文化價值，是曼谷旅遊必訪之處。

12:40 ～ 14:40

遊玩鐵則

使用eatigo訂位系統（設定見P.167），餐廳全日各時段享有餐點折扣優惠。

餐廳2樓用餐區可欣賞黎明寺全景。

推薦平價、分量大的烤雞青木瓜沙拉。

3　盡覽黎明寺全景

Sala Rattanakosin Eatery & Bar

http salahospitality.com/rattanakosin salarattanakosin
 salarattanakosin 02-622-1388 每日早餐07:00～10:30，午餐11:00～16:30，晚餐17:30～22:30 早、午餐約250銖起，晚餐餐點價位較高，可參考網站菜單 MRT Sanam Chai站1號出口，左轉直行至Maha Rat路，右轉往塔滇市場(Tha Tian Market)方向，進入Soi Tha Tian巷子直走到底，位於左側 P.59

臥佛寺周邊有不少特色餐廳及民宿，其中以

這家知名度最高，兩層樓河景餐廳，包含室內及室外座位區，除了可欣賞昭披耶河景色，更可飽覽對岸黎明寺全景，入夜之後開放露天酒吧，夜景更是一絕。

薩拉拉達納哥欣河岸景觀餐廳同時也是一間四星級精品酒店，尤其是要價不菲的黎明寺景觀客房，經常一房難求。因此，要想體驗河岸美景，又想節省荷包，到河岸景觀餐廳是不錯的選擇，餐點品質與價格合理，尤其以午餐最為超值，以平實的價格欣賞迷人的景致，絕對是昭披耶河河岸不可錯過的景點之一。

遊玩鐵則

黎明寺景色最美時刻為黎明與黃昏。

黎明寺美景。

4 昭披耶河畔最古老的文化遺產
黎明寺
Wat Arun

�facebook watarunofficial 📞02-891-2185 🕐每日07:30～17:30 💲外國人100銖、泰國人免費 ➡搭觀光船或交通船抵達黎明寺碼頭，寺廟位於碼頭旁 ❓1.參觀寺廟不可穿無袖或露背上衣，也禁止短褲、短裙或緊身褲。2.登塔階梯陡峭，需注意安全 🗺P.59

1.黎明寺售票亭旁的沙龍租借服務，每件20銖 / **2.**黎明寺周邊觀光紀念品攤販 / **3.**黎明寺周邊泰服體驗

又稱鄭王廟的黎明寺，是大城王朝時期孟庫國王最偉大的創舉，而後鄭王統一暹羅，建立吞武里王朝，重修這座寺廟，以印度黎明之神Aruna為名，象徵吞武里地區捕捉第一道曙光之處，為吞武里王朝皇家寺廟及皇宮，也是昭披耶河畔最古老的文化遺產。

黎明寺是泰國境內規模最大的大乘舍利式塔，經過多次整修，主塔高度超過70公尺，有4座階梯環繞塔體，可登塔參觀，眺望對岸大皇宮與臥佛寺。供奉於大皇宮內的玉佛像，在拉瑪一世未遷都前，曾安置於此，而從泰銖10元硬幣上印有黎明寺圖案，以及重要宗教儀式在此舉行，再在可見其地位。

黎明寺日景壯觀，夜景迷人，是遊船晚宴主打的必賞景點，對岸住宿酒店及民宿價格也相對高漲，足見其在遊客心中熱門程度，不愧有泰國艾菲爾鐵塔之美名。

Close up!
曼谷泰服體驗
特輯放大鏡

在黎明寺周邊有租借泰服的店家，每套約200銖，款式較舊，選擇也不多，好處是可穿著泰服遊覽黎明寺，以及拍照留念，但由於寺廟周邊遮蔽物少，常感炎熱難耐，以下介紹3處舒適又便利的泰服體驗據點。

MBK商場 Thai Style Studio 1984

🌐 thaistylestudio1984.com ➡️ 前往MBK商場3樓C區，3C-09室位於手扶梯旁 🗺️P.29

位於暹羅商圈的MBK商場，有多間個人工作室提供泰服體驗攝影服務，其中以Thai Style Studio 1984最具人氣與知名度，是連泰國人都推薦的老字號攝影工作室。這家店的泰服款式精緻華麗，色彩選擇多。若想參

與泰服體驗攝影，可事先預約時間，費用包含服飾穿搭、髮妝造型、拍攝及相片沖印，時間花費約1.5小時，取件1～2個工作日，是曼谷自由行特別的體驗項目。

Route
03

暹羅古城

位於曼谷市郊的暹羅古城，是泰國電視劇的熱門拍攝場景，園區有多處泰式建築造景，環境優美，景致迷人。古城裡有提供泰服租借服務，可穿著泰服遊園，費用整日390銖起，是一項受到多數遊客青睞的活動。泰服款式新且選擇多，搭配園區古色古香的場景，有重返舊時期的氛圍，堪稱最超值的泰服體驗。詳見P.129。

暹羅樂城
Sirinajthipwadee Studio

位於昭披耶河畔暹羅天地購物中心（ICONSIAM）G樓層暹羅樂城（Sook Siam）入口處的攝影工作室，提供泰服租借及攝影配套服務，包含服飾穿搭、髮妝造型及拍攝紀念照，亦可穿著泰服遊覽室內水上市場及拍照留念，另有各項客製化服務。

1.2.暹羅古城租借服裝樣式

17:00 ～ 19:00

遊玩鐵則

河濱公園免費觀賞多媒體聲光水影表演，每日2場(18:30、20:00)。

暹羅天地以泰國傳統文化為設計概念，外觀新穎時尚。

5. 泰國最大購物中心
暹羅天地
ICONSIAM

🌐iconsiam.com 📘ICONSIAM 📷iconsiam 📞02-495-7010 🕐每日10:00～22:00 ➡1.搭BTS金線抵達Charoen Nakhon站3號出口直通商場。2.在中央/沙吞碼頭(Central Pier / Sathorn Pier)搭乘直達10銖Supatra接駁船，時間09:00～23:00(每15～20分鐘一班) 🗺P.59

1.5樓河岸餐廳外的美景 / 2.內部設計結合多媒體創意，隨處可見新潮裝置藝術 / 3.水上市場美味食肆選擇多，價格合理 / 4.Sook Siam販售傳統手工藝品及特色伴手禮

昭披耶河河畔複合購物中心，有蘋果電腦(Apple Store)泰國首家直營進駐，高島屋(Siam Takashimaya)第一次在海外聯名成立分館，多家國際品牌也在此設立泰國的首間旗艦店。

ICONSIAM的建築設計概念，是以泰國傳統文化為發想，又以G樓暹羅樂城(Sook Siam)的室內水上市集最具特色，這裡結合了泰國77府的飲食文化與工藝設計，讓遊客體驗傳統美食之餘，同時感受泰式藝術創作。

不能不提的還有世界級的多媒體水布幕噴泉公園，總長400多米，為東南亞地區之最，以高品質噴泉技術，搭配聲、光與電，呈現獨特

泰國風格，也成為昭披耶河指標性景點。

購物中心另有展演中心、文藝博物館、奢華影城、休閒會館及美食廣場等，ICONSIAM運用高科技技術，結合泰國傳統文化與現代創作藝術，展現未來商場新視野，提供遊客不同的商場體驗，因此成為曼谷河畔新興地標。

Close up!
遊河晚宴比一比
特輯放大鏡

昭披耶河上有多家遊船業者，提供2小時遊河晚宴行程，遊客可一邊搭船欣賞河畔著名景點（如大皇宮、黎明寺、八世皇橋及河岸酒店等），一邊享用豐富自助晚宴與觀賞表演活動。想來一趟浪漫的遊河體驗嗎？以下三種遊船提供選擇！

船名	瑪莉蓮號 Meridian Cruise	昭披耶公主號 Chao Phraya Princess Cruise	璀璨明珠號 Wonderful Pearl Dining Cruise
網址	www.meridiancruise.co.th	www.chaophrayaprincess.com ⓕ ChaoPhrayaPrincess ⓘ chaophrayaprincess_official	www.grandpearlgroup.com
特色	●新穎又高CP值的遊船晚宴 ●生日當月可預訂免費蛋糕	●曼谷老字號經典遊船晚宴 ●總載客數為曼谷遊船業之冠	●曼谷最豪華遊船 ●可容納650～800位乘客
價位	成人1,600銖，4～10歲1,200銖，未滿4歲免費	成人1,500銖，4～10歲1,100銖，未滿4歲免費	成人2,500銖，4～10歲2,000銖，未滿4歲免費
時間	檢票18:00～19:30 登船19:30～20:00 航程20:00～22:00	檢票18:00～19:00 登船19:00～19:30 航程19:30～21:30	檢票18:00～19:00 登船19:00～19:30 航程19:30～21:30
內部設計	精緻時尚。兩層樓用餐區，1樓為冷氣開放室內座位，2樓為頂棚式戶外座位	樸實典雅。兩層樓用餐區，1樓為冷氣開放室內座位，2樓為頂棚式戶外座位	貴族氣息，寬敞舒適。1、2樓為冷氣開放室內座位，3樓為露天戶外座位，並有噴水池
服務內容	海鮮自助晚餐、歌手現場演唱、泰國傳統舞蹈「Khon」表演	百匯自助餐、樂團表演。歌手選歌國際化，帶動現場氣氛功力十足	海鮮百匯自助餐及現點現做料理、樂團演唱
檢票點與登船點	檢票點：ICONSIAM商場G樓河畔Pier 1 登船點：ICONSIAM Pier 2	檢票點：ICONSIAM商場G樓Sook Siam遊船服務處(鄰近NaRaYa) 登船點：ICONSIAM Pier	檢票點：River City Gate 2 登船點：River City Gate 2
前往方式	●空鐵鄭皇橋車站2號出口出站，在中央/沙吞碼頭轉乘直達ICONSIAM接駁船Supatra Ferry，單程費用10泰銖 ●搭乘空鐵金線抵達BTS Charoen Nakhon站3號出口，直通ICONSIAM購物中心		●空鐵鄭皇橋車站2號出口出站，在中央/沙吞碼頭轉乘交通船或智能電動客船前往River City (Si Phraya Pier) ●中央/沙吞碼頭搭乘River City免費接駁船
備註	線上預購電子票，皆可享優惠價		

(製表／Sophia)

∧瑪麗蓮號航行於昭披耶河，為夜晚的遊船晚宴待命

∧公主號遊船行程重點為欣賞八世皇橋美景

∧璀璨明珠號1、2樓用餐空間主打浪漫時尚感

BKK ✦ ORIGINAL
泰国街头时尚原创潮包

BKK ORIGINAL
泰國原創街頭流行潮包。

KaCha

6 泰國最大複合觀光夜市
曼谷河畔夜市
Asiatique The Riverfront

🌐asiatiquethailand.com 📘Asiatique.Thailand 📷asia
tique.thailand 📞02-108-4488、092-246-0812 🕐每日
16:00～00:00 ➡️搭觀光船抵達Asiatique，或在中央／
沙吞碼頭(Central Pier / Sathorn Pier)搭乘專屬免費接
駁船(接駁時間16:00～23:30) ❓夜市商家營業時間不
同，通常22:30陸續打烊 🗺️P.59

Asiatique為泰國最大複合觀光夜市，擁有約
1,500間商店及40間餐廳，泰國最大摩天輪也建
造於此，是昭披耶河畔醒目的地標。昔日曾為
泰國五世皇朱拉隆功時期對外貿易港口，是泰
國主權獨立的象徵及重要文化遺產，因此目前
的建築保留舊時期貨運碼頭倉庫及歷史遺跡，
並結合創意復古風格設計，以期重現往日繁榮
景象，同時打造觀光夜市全新風貌。

除了一次滿足購物樂趣及美食饗宴，不同於
一般商場或市集，這裡提供更多活動項目，有
Yodsiam夜遊昭披耶河、Calypso人妖歌舞劇、

1.藤編專賣店，編織商品種
類非常多 / 2.泰國風小物，推
薦10銖零錢包，為必買伴手
禮之一 / 3.平價客製化護照
夾，價格80銖，是市集常見
特色商品 / 4.泰國最大摩天
輪，觀光價格，成人500銖、
兒童300銖

鬼屋、摩天輪搭乘及兒童遊樂場等，而像是水
燈節或跨年倒數等節慶活動，也是以此為河岸
重要據點之一。

※泰國有機香氛保養品牌

Phutawan

蠶絲洗面球

🌐www.phutawanshop.com 📞092-561-8093 ⏰每日16:00～22:00 💲商品約150銖 ➡位於第三貨倉轉角處靠近第四貨倉

　　泰國保養品牌，以有機天然材料製作，強調原始生態概念，訴求無毒環保。研發中心位於曼谷近郊，起初爲線上銷售，之後設立了實體店面。在邦南彭水上市場不期然的相遇，讓我愛上這個品牌，商品價格實惠，椰子油、蠶絲洗面球、擴香瓶皆爲百元價。目前在曼谷河畔夜市已有三間店鋪，而恰圖恰假日市場和一級觀光區暹羅商圈的MBK商場和曼谷市場也陸續增設分店，方便遊客採買選購。採買前可留意官網「Promotion」優惠資訊。

※伴手禮專賣店

美珍香
MEI JENG SIENG

人氣土產店，商品種類多，價格合理

📞081-643-2667 ⏰每日16:00～00:00 ➡位於第三貨倉，MK火鍋後方 ❓店家只收現金

　　美珍香是曼谷河畔夜市最具規模的伴手禮店，店鋪位置醒目，位於第三貨倉最前端，商品種類多，價格公道，不定期有新產品，部分商品甚至比一般百貨超市便宜，因此吸引非常多觀光客採購。店家也提供免費裝箱和寄放服務，可電話加LINE聯繫。目前商家另闢獨立店面門市，地點位於Asiatique河畔夜市停車場左側石龍軍路上。推薦品爲即食黃金龍眼乾。

※泰國原創香水品牌

JAPARA

香水原料及概念取自埃及

🌐www.japarathailand.com 📞062-243-0686 ⏰每日10:00～24:00 💲商品約1,000銖 ➡往第五貨倉，店鋪位於摩天輪前方10點鐘位置

　　以古埃及神祕色彩爲發想，結合來自埃及的純天然香精與泰國當地香氛材料，創造獨特持久的香氣，不含酒精成分，只要一滴，可持續8～12小時。典雅的手工香水瓶，重現古埃及精緻工藝，擄獲不少女孩的心，每款香調代表不同特質，也可依出生星期選擇。目前在曼谷河畔夜市、Terminal 21 Asok、尚泰拉瑪九世商場，以及暹羅商圈的尚泰世界都有銷售據點。

※動物及自然主題流行飾品

Wear a wish

飾品以對寵物的熱愛爲發想

📘Wear a wish 📞063-217-3150 ⏰每日17:00～22:00 💲商品約250銖 ➡第七貨倉近摩天輪

　　泰國設計飾品品牌，以對寵物的熱愛爲創意發想，手工繪製動物造型，模樣栩栩如生，賦予飾品生命力，不僅極具時尚個性感，又不失俏皮可愛。款式有戒指、手鍊、耳環等，其中又以戒指爲主打商品，除了河畔夜市，在Central World 3樓、ICONSIAM G樓及異國百貨Terminal 21 Asok皆有銷售據點。

感受曼谷舊城區愜意氛圍

普拉蘇梅砲台

Phra Sumen Fort

🕐 每日05:00～21:00 ➡ 搭交通船或觀光船抵達帕拉阿提(Phra Arthit)，從碼頭直行1分鐘至Phra Athit路，左轉直行2分鐘抵達砲台公園 ❓ 內部不可進入 📍 P.59

1.普拉蘇梅砲台 / 2.砲台公園內的傳統泰式涼亭 / 3.河濱公園景色優美，周邊有公園長椅可休憩

　　拉瑪一世時期為防禦曼谷安全，建造了14座砲台，如今僅存兩座，其中之一正是緊鄰昭披耶河岸的普拉蘇梅，歷史超過200年。如今這裡是知名的景觀河濱公園，擁有大片草坪綠地與傳統泰式涼亭，每當黃昏時分，當地居民常在此席地而坐，近距離觀賞昭披耶河景與八世皇橋美景，氣氛格外悠閒。公園周邊有博物館與餐館，是一處能夠感受舊城區愜意氛圍的好地方。

昭披耶河遊船重要據點

河城購物中心

River City Bangkok

🌐 www.rivercitybangkok.com 📞 02-237-0077 🕐 每日10:00～20:00 ➡ 1.搭交通船至Si Phraya Pier碼頭即為商城。2.於中央碼頭搭乘River City免費接駁船 📍 P.59

　　河城購物中心為昭披耶河畔首座商城，不同於其他商場，是以藝文展覽及藝術品拍賣為主要經營項目，連帶設立禮品商店、連鎖餐飲及河畔餐廳，如曼谷包品牌NaRaYa及國際連鎖星巴克咖啡都有設點。

　　這裡也是曼谷主要遊船登船碼頭之一，每當夜幕低垂，各家遊船連番登場，知名遊船湄南之星公主號、璀璨明珠號、大珍珠號等，熱鬧非凡。此外，欣賞跨年煙火秀，以及對岸ICONSIAM多媒體水布幕，來到河城購物中心絕不讓你失望。

1.各家遊船晚宴陸續登場，是河城購物中心最熱鬧的時刻 / 2.頂級茶TWG位於河城購物中心的分店 / 3.河城購物中心特色禮品店 / 4.推薦適合挖寶的VIVA LOCO

曼谷百年碼頭文創園區

廊1919

LHONG 1919

f Lhong1919 📞091-187-1919 🕐每日商店12:00～20:00、媽祖廟08:00～18:00 ➡搭乘空鐵金線抵達BTS Khlong San站3號出口，直行前往清邁路右轉，再直行約5分鐘位於右側 MAP P.59

廊1919原名「火船廊」，是清朝商人陳氏鬱利家族陳慈鬱所興建，於拉瑪四世時期為暹羅大米進出口貨物集散地，當時遠洋貿易的交通工具為蒸汽動力火輪船，因此有火船廊稱號。鬱利家族1919年取得土地所有權後，建立了鬱利故居，如今順應時代潮流，推動古蹟改造計畫，廊1919因此誕生。

園區保留中式三合院建築樣貌，正廳供奉掌管海事的媽祖，可入內參拜，兩層樓百年建築點綴栩栩如生的中式壁畫，為泰國華人藝術精萃，極具歷史價值。1樓為商店區，包括泰國

1鬱利故居為大型三合院，保留中國傳統建築風格 / 2.傳統建築點綴中式壁畫，極具中華藝術價值 / 3.廊1919佇立昭披耶河岸，有不少特色餐廳及商家進駐

設計師品牌、手工藝品店、咖啡館等，2樓只有部分開放，假日則不定期舉辦藝術市集與文化活動。火船廊不僅是獨具特色的中泰藝術文創園區，更是華人移民泰國發展歷程的重要見證。傍晚前往氣氛尤佳。

曼谷最大花卉批發市場

育匹蔓花市

Yodpiman Flower Market

http www.yodpimanmarket.com 📞02-623-6851 🕐每日24小時 ➡搭交通船或觀光船抵達育匹曼碼頭(Yodpiman)，或MRT Sanam Chai站5號出口 MAP P.59

Yodpiman Flower Market也稱Pak Khlong Talat，是曼谷居民及商家、寺廟、旅館採購各式鮮花的主要據點，也是昭披耶河畔的著名景點。花卉品質極佳、價格便宜是這裡的特色，一大束玫瑰花售價100泰銖，與一般店家零售相比，絕對物美價廉，除了新鮮花束，也有各款精美手工花環。這處歷史悠久的花卉市場，目前由Yodpiman集團整合管理，同時結合特色市集、知名餐廳及河畔觀景走廊，以打造泰國

1.育匹蔓河畔商城結合餐廳、市集與花市，是一處悠閒愜意的觀光景點 / 2.曼谷最大花卉集散批發市場，販售各種鮮花 / 3.育匹蔓河畔商城的知名餐廳

特色觀光據點為期許。也很適合到育匹蔓碼頭的河畔餐廳賞景，感受昭披耶河悠閒氛圍。

百年水上市場，泰菜 & 舒壓按摩體驗。

三榮
samrong

昭披耶河為曼谷主要河道，全名 Mae Nam Chao Phraya，有母親河之稱，孕育出眾多支流渠道，因此，在曼谷有許多水上人家，長久以來依水道而居，傳統生活習慣保留至今。探訪百年水上市場「Bangplee Old Market」，緬懷舊時光的單純美好；採買新鮮食材，「我的泰廚泰菜學校」實地操作，餐廳老闆經驗傳承與分享，氣氛歡樂且收穫豐富。晚間時光舒壓 Spa 一下，超平價「Maruey 泰式按摩」，輕鬆愜意體驗在地生活。

百年水上市場，泰菜 & 舒壓按摩體驗。

10:00 ～ 13:00

Start

① **Bangplee Old Market**

🛺 搭車30分鐘

13:30 ～ 18:00

② **我的泰廚泰菜學校**

🚶 步行8分鐘

18:08 ～ 20:30

Goal

③ **Maruey泰式按摩**

豆知識

水上市場vs.寺廟

在泰國，常見水上市集與寺廟相連，早期以河道聯繫交通，水上市場因應而生，在船上交易為主；現今陸路交通發達，寺廟成為聚集人潮場所，也成為河岸市集據點，點綴象徵性交易小船及假日布施活動，像是曼谷近郊的關里安週末水上市場(Kwan-Riam Floating Market)，以及佛統府的海椰寺水上市場(Don Wai Floating Market)，都是這類型市集，客群也以當地居民為主。

∧ 由寺廟通往市場的入口

∧ 寺廟周邊攤商與百年市場結合成大型市集

一日花費	市場午餐預估	200
	泰菜課程(含晚餐)	1,480
	泰式按摩	400
交通未計 幣值泰銖 含稅	Total	2,080

交通對策

以BTS Samrong為中心，開始一日行程。前往百年市場Bangplee Old Market，可在空鐵站轉搭計程車前往Big C Bang Phli，這是司機都知道的當地賣場，目標明確且溝通容易；下車後由賣場後方停車場，走過船橋到市集是捷徑。第二站泰菜教學，可與老師約在BTS Samrong旁的Imperial百貨，從生鮮市場導覽開始，或直接參與實作課程。最後前往平價按摩舒壓，地點同樣臨近空鐵站，結束充實的在地生活一日體驗。

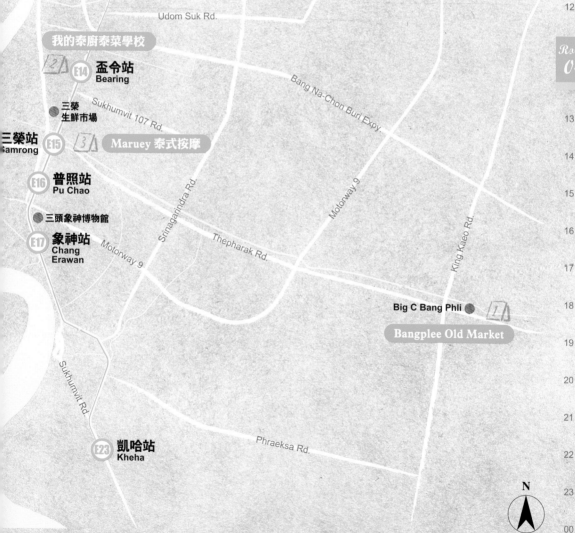

10:00 ~ 13:00

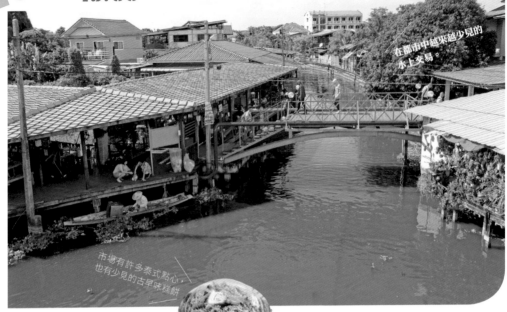

在都市中越來越少見的水上交易。

市場有許多泰式點心，也有少見的古早味糕餅

1 160年的古老水上市場
Bangplee Old Market

🕐 週二～日08:00～17:00 🈑週一 ➡BTS Samrong站轉計程車至Big C Bang Phli商場(車資約100～150銖)，由商場後方停車場前往市集為捷徑 🈂 部分商家15:00便已休息，建議平日中午前或假日前往 🅼P.75

　　百年市場Bangplee Old Market，當地人稱為Talat Boran，緊鄰寺廟Wat Bang Phli Yai Nai。Talat Boran已有160年歷史，曾經是曼谷東部河道運輸的重要樞紐，為當地知名市集，水上人家沿著Samrong河道聚集，範圍將近1公里，狹窄的木質地板走道，古屋老宅成為河岸商家，販售的商品種類非常多，除了當地人所需的生活用品，也有不少復古食器、童玩和零嘴，更少不了傳統美味食肆，有著濃濃懷舊氣氛。

1.河岸兩側分別為休憩區及表演舞台，氣氛歡樂和諧 / 2.百年市場的木質地板與狹窄走道，有著濃濃懷舊氛圍 / 3.部分老宅改造為特色商家，像是甜品店、麵店或雜貨店

　　市集隨處可見10銖起價的餵魚活動，週末也有水上市場常見的搭船遊河項目，每人20銖，航程30分鐘；河岸食堂是欣賞河景與放鬆休憩的好地方，享受午後悠閒時光非這裡莫屬。

Check 1 船橋體驗

由兩艘手搖木船搭起的過河橋,是當地居民往來捷徑,可由Big C商場1樓停車場,行經船橋,通往百年市場,通行費每人2泰銖,是有趣的體驗及拍照留影重點。

Check 2 餵魚及放生

泰國寺廟周邊常見布施活動,可購買飼料餵魚,或是買魚放生,百年市場販售的魚飼料,除了麵包,更多色彩繽紛的米果,在體驗當地習俗之餘,同時感受河岸休憩的放鬆舒壓。

Check 3 參訪寺廟 Wat Bang Phli Yai Nai

當地知名寺廟,信眾非常多,可前往參拜祈福,在每年出夏節舉行投蓮花盛會(Rad Bua)為其重要活動,倘若有機會在10月中旬前往當地,可別錯過這場熱鬧非凡的節慶活動。

Check 4 泰式傳統點心

百年市場販售各式古早味點心,推薦現做椰絲豆仁軟糕,豆仁香氣襯著清新椰絲,搭配鹹甜砂糖,口感極佳,多色的糯米皮,增添視覺享受,須當日食用,可別放隔夜才品嘗喔!

Check 5 泰式冰品店 Ban Talad Nam

人氣泰式冰品店,美女老闆娘曾受節目專訪,用料豐富,價格平實,受學生族群喜愛,炎熱的季節,不可錯過消暑甜品。

Check 6 泰式復古食器

讓人愛不釋手的泰式餐盒,在百年市場的層數和色彩搭配選擇多,價格比商場便宜,非常值得入手,是外出或野餐的實用器具。也有各種泰式料理食器及製作甜點容器。

13:30 ～18:00

三榮生鮮市場為大型當地市場，販售南北雜貨，價格平實，是挖寶的好地方。

我的泰廚泰菜學校

[2] 兒童友善及客製化泰菜教學
My Thai Cooking School

🌐mythaicooking.com 📘MyThaiCooking 📷mythai
cooking 📞063-248-5398 🕐每日09:00～21:00 💲1,200
～1,480銖 ➡️BTS Bearing站2號出口，步行1分鐘抵達
ESSO加油站，也可彈性約定集合地點 ❔需線上預約及
完成付款 🗺️P.75

　　My Thai Cooking泰菜教室位於曼谷Bang Na
區，經驗豐富的教學老師自小便對烹飪有著濃
厚的興趣及熱情，曾經在泰國古都大城府開
設餐廳，移居曼谷後便展開泰菜教學之
路，主廚與外籍丈夫親和力十足，
無論是市場導覽的歡
樂氣氛，或是教學過
程的細心解說，都是
讓客人打開心房參與
廚藝教室不可或缺的
要素。

市場採購泰式料理特色食材 　豆知識

∧泰式料理必備椰糖

∧泰式香草

∧新鮮椰子現刨椰絲，準
備製作香醇的椰奶

∧蟲蟲大餐必備材料螞蟻
蛋，常見於泰國東北料理

∧新鮮洛神花

∧各類平民小吃

| 課 | 程 | 流 | 程 |

Step 1 三榮生鮮市場採買

如果參加全套課程，老師就會帶你從三榮生鮮市場（Samrong Fresh Market）採買開始。這是泰國北攬府生鮮雜貨市場，緊鄰曼谷市郊，位於空鐵站BTS Samrong周邊，由於地處邊陲，少見外國遊客，主要消費族群為當地居民，無論生鮮蔬菜、香料乾貨或民生用品，價格都非常便宜，可說是物美價廉。特別的是，這裡有其他市場少見的食材及用具，也有各式各樣的泰國平民食肆，每日10:00前的批發市場，更是人聲鼎沸，想要體驗泰國在地傳統市場氛圍，這裡會是不錯的選擇！

☎02-384-0519 ⏰每日03:00～18:00 🚇BTS Samrong站1號出口，走人行天橋連接至Imperial World商場，市場位於戶外停車場旁 🗺P.75

∧ 可在市場採購泰式料理特色食材

Step 2 泰菜教學

不同於其他泰菜教室，教學地點在私人別墅，環境友善，有帶小孩一起上課的家長也不擔心；客製菜單教學，即使是參與團課，亦可混搭自己喜愛的料理，甜點除了常見的芒果糯米，還有多種泰式甜點菜單，都可納入課程。泰式甜點教學在曼谷學費並不便宜，My Thai Cooking的這種彈性作法讓人感覺物超所值。而小班制教學，更能掌握每位學員的需求，並藉由彼此的經驗分享與文化交流，讓學員對於泰國傳統美食有更進一步的認識。

1.結束市場導覽，教室已備妥烹飪器具、食材 / **2**.體驗製作泰式綠咖哩醬，新鮮風味完勝調理包 / **3**.主廚親自示範泰式甜點芒果糯米製作

Step 3 成果驗收及享受美食

∧ 泰式綠咖哩

∧ 泰式鮮蝦炒河粉

∧ 腰果炒雞丁

∧ 芒果糯米

硬體設備簡單乾淨。

[3] 平價在地泰式按摩
Maruey泰式按摩
Thai Massage Maruey

🌐massage-maruey.com 📘massage.maruey 📷mass age_maruey ☎084-339-6535 🕐每日09:00～22:00(最後進場時間21:00) 💲200～500銖 ➡BTS Samrong站1號出口，靠右走人行天橋，下天橋後向前行至113巷左轉進巷子，在第二個巷口左轉，店家位於前方右側 ❓可依官網指示加Line預約時間及項目 🗺P.75

1.Maruey為小型按摩館，周邊是當地生活圈，鮮少觀光客 / 2.按摩結束可選擇飲品，服務相當貼心

　　曼谷市郊有不少平價按摩，消費客群為當地居民，與知名連鎖Spa會館相比，少了華麗的裝潢，硬體設備也很簡單，就像泰式按摩始祖臥佛寺按摩中心，有合格專業按摩師，然而環境類似推拿中心，少了舒壓放鬆的優雅氣氛。

　　Maruey泰式按摩位於BTS Samrong周邊，可搭乘空鐵再步行前往，交通堪稱便利，由於價格平實合理，由日籍老闆投資經營，服務親切貼心，有日系風範。空間不大，屬於小型按摩館，建議事先預約，以免向隅。

　　除了有親切的按摩師，使用的芳療產品也比一般平價按摩優質，提供泰式、藥草球、精油按摩，也有臉部美容按摩及日式溫泉腳底按摩，而頭部及腳部四手按摩也值得體驗。泰式按摩每小時200銖，四手按摩500銖，價格親民，客人大多為附近居民。

首推超值精油按摩

Urban Retreat Spa (Phrom Phong分店)

🌐urbanretreatSpa.net 📞02-204-1042，02-204-1043 🕐每日11:00～20:00(最後預約時間19:30) 💲1,000銖 ➡️BTS Phrom Phong站5號出口，位於右側 ❓建議提前利用GoWabi APP或官網預約，省時又便利

∧ 地點位於空鐵站出口，交通便利

Urban Retreat有五大保證，專業合格的按摩師、優質的芳療產品、整潔舒適的環境、合理的價格及交通便利，多年來是我心中最理想的Spa會館，尤其推薦精油按摩，與同級其他會館相比，物超所值。另外兩間店面分別在BTS Asok站，與Novotel Sukhumvit 20酒店內，裝潢低調簡約，兼具時尚感。注重品質且不定期推出優惠方案，因此有許多忠實顧客，喜歡舒壓放鬆的精油按摩，一定不能錯過！

平價連鎖會館

Health Land Srinakarin

🌐www.healthlandSpa.com 📞02-748-8135 🕐每日09:00～22:00(最後預約時間21:00) 💲600銖 ➡️BTS Udom Suk站5號出口，搭計程車前往，車資約60銖 ❓可利用GoWabi預約，省時又便利

∧ 以漢方草本研發各種芳療產品

曼谷知名連鎖按摩Spa會館，以平實的價格及專業標準化服務打響名號，像是最具泰國特色的古法按摩及藥草球芳療，價格與品質比其他同級Spa中心相對超值，加上寬敞舒適的空間，是其擁有眾多忠實顧客的原因。結合中式藥草概念，研發自家芳療產品，於旗下會館及購物中心銷售，並朝向經營度假酒店發展，期望以一站式服務打造Spa王國。

曼谷首座溫泉Spa會館

Yunomori Onsen & Spa (湯之森)

🌐www.yunomorionsen.com 📞02-259-5778 🕐每日10:00～00:00 💲溫泉全日票成人550銖、兒童(3～15歲)及65歲以上長者300銖 ➡️BTS Phrom Phong站，轉計程車前往A Square，即可抵達會館，車資約50銖 ❓詳閱會館注意事項

∧ 溫泉會館占地寬敞，有多處休憩空間

泰國首座正宗溫泉會館，空間設計以天然木材及石材為主，重現原始森林自然氛圍，引進來自泰國北碧府Wat Wangkanai溫泉，設置日式浴池、原木桶個人湯及蒸氣桑拿室，淋浴間也仿效日式樣貌。大眾湯使用不限時間，分為男湯和女湯，並結合日式餐廳、輕食咖啡館及專業美容按摩中心，常有套裝組合優惠，是超值的複合式Spa會館。

漫步日本區特色餐館，高空酒吧賞美景。

EM商圈、Watthana District

曼谷日本區大致分布在 BTS Phrom Phong (E5)、Thong Lo (E6) 至 Ekamai (E7) 三站周邊，由於是日本駐外人士居住聚集地區，較多以日本客群為主的商場、餐廳、醫院及學校，儼然像是小型日本村。這個地區聚集不少特色餐廳及咖啡館，加上 Phrom Phong 站奢華購物中心坐鎮，因此成為暹羅商圈之外，另一處重要商業據點，舉凡購物中心、異國料理餐廳、特色咖啡館、Spa 會館、酒吧、夜店，都能在這裡一次滿足。地理位置偏離主要觀光區，漫步日本村更多了輕鬆愜意之感，而且酒店住宿價格平實，想擁有真正悠閒度假的氛圍，這裡會是不錯的選擇。

漫步日本區特色餐館，
高空酒吧賞美景。

09:00 ~ 10:00

Start

 Saew Noodles

🚕 搭MuvMi嘟嘟車約6分鐘

10:10 ~ 12:30

 The Emporium x
The EmQuartier

🚕 搭MuvMi嘟嘟車約10分鐘

12:40 ~ 14:00

 Let's Relax
泰式按摩

🚕 搭MuvMi嘟嘟車約10分鐘

14:10 ~ 15:30

 Patom Organic
Living

🚕 搭MuvMi嘟嘟車約10分鐘

15:40 ~ 17:40

 Stella Art Cafe

🚕 搭MuvMi嘟嘟車約10分鐘

17:50 ~ 19:30

 Octave Rooftop
Lounge & Bar

🚶 步行約10分鐘

19:40 ~ 21:30

Goal

[7] **Took Lae Dee 福聯超市平價泰式料理**

一日花費		
交通未計 幣值泰銖 含稅	早午餐	100
	四手泰式按摩	1,000
	下午茶	200
	班家隆手作	500
	高空酒吧	250
	晚餐	200
	Total	2,250

06
07
08
09
10
11
12

交通對策

曼谷日本區以The Mall集團旗下奢華購物中心為主，由EM商圈向曼谷市郊方向延伸，可搭乘空鐵抵達Phrom Phong、Thong Lo及Ekamai任一站，步行前往周邊特色餐廳，或搭乘迷你雙條車或MuvMi嘟嘟車探索隱身在巷弄中的咖啡館，享受悠閒的早午餐或下午茶。黃昏時分，前往高空酒吧，俯瞰晝夜交替的城市街景，度過輕鬆愜意的一天。

13

↑往 [3] **Let's Relax**　　↑往 [4] **Patom Organic Cafe**

Took Lae Dee [7]

彭蓬站 Phrom Phong E5 [2] **The Emporium X The Emquartier**

Sukhumvit 55 Rd.

D-Sports Stadium @Donki Mall Thong Lo

Karmakamet Secret World

AIRE BAR

Sukhumvit 63 Rd.

Featherstone Bistro Cafe & Lifestyle Shop

Stella Art Cafe [5] [1] **Saew Noodles**

Sukhumvit Soi 24 Rd.
Sukhumvit Soi 26 Rd.

Casa Lapin

Dog in Town- Dog Cafe

通羅站 Thong Lo E6 [6] **Octave Rooftop Lounge & Bar**

The Gardens of Dinsor Palace

伊卡邁站 Ekkamai E7

帕卡儂站 Phra Khanong E8 **Cielo Sky Bar & Restaurant**

N

14
15
16
17
18
19
20
21
22
23
00

09:00 ~ 10:00

推薦必吃，美味酸辣湯麵 (Kuay Teow Tom Yum)。

1.日本區在地小巷美食 / 2.店家保留傳統風味，座位數不多

---

1 古早味泰式湯麵
Saew Noodles

☎02-258-7960 ◷ 每日08:30～15:30 💲60銖 🚇BTS Thong Lo站，1號出口，向前行5分鐘，右轉進Sukhumvit soi 49，店家位於左前方7-11便利商店旁 📍P.85

　　Saew Noodles泰式傳統湯麵，地點位於曼谷日本區蘇坤逸路49巷，經營40餘年，有不少忠實顧客，不少客人是從小吃到大，經由泰國電視台節目推薦，更增加慕名而來的食客。店家保留傳統麵店風味，每日熬製豬骨高湯，手工製作魚丸，麵條選擇多樣，搭配特製油蔥，香氣十足，乾麵及湯麵各有特色，可依個人喜好搭配選擇。

　　湯麵為泰國人早餐選擇之一，通常店家營業時間會從上午至下午3、4點結束，早餐與午餐之間的時段，是品嘗人氣小吃的愜意時光。而

麵條中文與泰語發音對照　　豆知識

湯麵 / Kuay Teow Namsai、乾麵 / Kuay Teow Hang

∧蛋麵 / Ba-Mee　∧寬河粉 / Sen-Yai　∧細河粉 / Sen-Lek

∧米粉 / Sen-Mee-Khao　∧冬粉 / Woon-Sen

Saew的現場用餐及外帶者眾多，尤其是午餐時段，同樣建議可選擇離峰時段用餐。

10:10 ～ 12:30

[2] 日本區奢華百貨代表
The Emporium x The EmQuartier 購物中心

🌐emporium.co.th 📘EmporiumEmquartier 📷emporium_emquartier 📞02-269-1000 🕐每日10:00～22:00 🚇BTS Phrom Phong站，2號出口直通Emporium，1號出口直通Emquartier 🗺️P.85

　　老牌奢華百貨Emporium與空鐵Phrom Phong站相連，結合辦公大樓、展場、五星酒店、國際名品、連鎖餐廳、奢華影城、高端超市及親子育樂中心，交通便利，生活機能優越，提供一站式生活體驗，經過多次重整更新，與正對面後起新穎購物中心EmQuartier形成知名EM商圈，帶動周邊商店及人潮匯集，集團旗下向有暹羅商圈奢華百貨Siam Paragon，同為泰國The Mall集團貴族購物中心代表。

1.4. Emporium 5樓Empriv Cineclub奢華電影院，350銖起享受優質設備與服務 / **2.**Emquartier外觀時尚，由空中天橋連結商場 / **3.**Emporium購物中心

其他推薦

EmQuartier G 樓高端超市

採買伴手禮省錢又舒適
Gourmet Market

🌐gourmetmarketthailand.com 📞02-269-1000 🕐每日10:00～22:00

　　EM商圈的Gourmet Market分別位於Emporium和Emquartier購物中心4樓和G樓，與暹羅百麗宮的超市同屬The Mall集團。購物環境舒適，購物車的質感更優於其他賣場，商品定價不因高端服務而昂貴，同樣提供退稅服務，辦理遊客折扣卡可享超市專屬優惠，另有買一送一、買二送一或單一特價都很划算，消費滿額有免費包裝及配送服務，詳情可洽詢超市服務台。此外，超市所屬餐飲吧提供代料理超市內生鮮食材的服務，遊客也可體驗這項客製化的用餐方式。

1.種類豐富的精釀啤酒，須注意14:00～17:00不賣酒 / **2.**包裝精美伴手禮，不定期特價優惠 / **3.**時令鮮果、即食水果盤及瓶裝果汁品質都不錯

由五世皇時期延續至今的
殖民式風格設計。

按摩前提供沁涼冰茶
及毛巾，暑氣全消

③ 規模最大按摩會館
Let's Relax
四手泰式按摩
Sukhumvit 39分店

http letsrelaxspa.com F letsrelaxspa.official G letsrelax
spa.official C 02-662-6935 ⊙ 每日10:00～00:00
⑤ 1,000銖 ➡ BTS Phrom Phong站，3號出口，順車
流方向前行，左轉進Sukhumvit soi 39，搭MuvMi嘟嘟
車從39 By Sansiri站到Let's Relax Spa站，車資23銖
⑰ GoWabi預訂可享優惠 MAP P.85

來自泰國清邁的Let's Relax為近年發展迅速
的高端按摩Spa，不但在泰國擁有多間分店，
並與當地酒店異業結盟，同時向海外發展擴
點。位於曼谷日本區蘇坤逸39巷的分店，殖民
式風格設計，空間寬敞舒適，提供各項按摩
Spa服務，除了主打熱石精油芳療，四手泰式
按摩也是強項，結合Chaba Nail美甲中心，一
站式服務，提升便利性。

按摩後可享用泰式甜點芒果糯米，讓舒壓療

1.由五世皇時期延續至今的殖民式風格設計 / 2.3.服務空間寬
敞舒適，非常舒壓 / 4.按摩結束享用甜品芒果糯米搭配熱茶，
畫下完美句點

程畫下完美句點，不少遊客是為了這項貼心服
務而來，也是眾多消費者推崇的亮點之一。

14:10 ～ 15:30

遊玩鐵則

務必品嘗手工泰式點心。

陽光玻璃屋與清新花園非常相襯，感覺悠閒愜意。

[4] 森林系有機咖啡館

Patom Organic Cafe

曼谷旗艦店

http patom.com f patom.organics IG patom_organic_living ☎ 02-084-8649 ⏰ 每日09:00～19:00 💲 飲料80銖起，點心40銖起 🚇 BTS Phrom Phong站，3號出口，順車流方向前行，左轉進Sukhumvit soi 39，搭MuvMi 嘟嘟車從30 Dy Sansiri站到Hanji台灣火鍋站，車資22銖 MAP P.85

1.2.戶外花園與室內都充滿原始自然氛圍 / 3.4.物美價廉的手工甜點與特色飲品

這座在都市中的綠森林咖啡館，嚴選天然食材，部分來自泰國佛統府三攀農場（Suan Sampran），部分來自當地小農，提倡無毒環保概念，無論是特色咖啡及飲品，或是泰式甜點及料理，都能感受風味清新自然，令人安心，不需遠赴佛統森林系咖啡館，在曼谷日本區就能擁抱綠生態，值得一訪！

咖啡館也不定期舉辦農夫市集及手作課程，並在店內及線上銷售相關有機產品，可關注官方粉絲頁，倘若有機會親自走一趟佛統府參加農場生態之旅，將是美好的特殊體驗！

香氛王國打造的祕密花園
Karmakamet Secret World

http karmakamet.co.th karmakamet 02-262-0700 每日10:00～20:00 飲料150銖起，餐點350銖起 BTS Phrom Phong站，2號出口進入Emporium商場，依指標往Emporium Suites酒店大廳，出酒店大門向左走1分鐘至第一條巷子，餐廳位於巷內 P.85

1.城市中的靜謐花園 / 2.用餐環境舒適，設計頗具巧思 / 3.餐點著重有機食材及精緻度

Karmakamet是泰國知名香氛品牌，旗下餐廳藏身曼谷日本區，結合香氛產品與創意料理餐廳，宛如都市祕密花園。以藥材鋪起家，崇尚順應自然法則，選用有機食材，融合亞、歐料理概念，呈現自然風味兼具藝術氣息；空間同樣視覺效果滿分，復古工業風結合舊時代藥材鋪特色，點綴泰國傳統元素，設計感與舒適度完美結合，是間讓人想一再光顧的優質餐廳，喜歡Karmakamet香氛產品的朋友，更是不要錯過。

法式復古，深受喜愛的人氣名店
Featherstone Bistro Cafe & Lifestyle Shop

http www.seefoundtell.com featherstonecafe featherstone_cafe 097-058-6846 每日10:30～22:00(15:30～17:30不供餐)。爵士樂現場演奏：週五、六18:30，週日13:00 飲料100銖起，餐點200銖起 BTS Ekkamai站，1號出口，前方Sukhumvit soi 63巷口搭乘MuvMi嘟嘟車進入巷子，抵達Ekamai soi 12交匯處右轉進入巷子，咖啡館位於右側 P.85

1.概念來自療癒系魔法石，花果繽紛氣泡飲為熱門飲品 / 2.舒適的用餐區，氣氛營造極佳，每個角落都像一幅畫 / 3.琳瑯滿目的特色商品，是挖寶的好地方 / 4.外酥內嫩的法式鴨胸，食材精緻，價格合理，推薦必點

Featherstone是間充滿異國色彩的咖啡館，中世紀法式風情，古典優雅，搶眼的藍綠色調牆面，搭配來自世界各地的裝置藝術，瞬間成為女孩們心中憧憬的地點。不只有許多異國雜貨，等著客人挖寶，餐點也毫不遜色，無論飲品或餐食，都能讓人感受店家的品味與用心。走訪曼谷悠閒的日本區，別忘了停下腳步，到此體驗這魔法咖啡館的神奇魔力！

曼谷皇家古宅花園餐廳
The Gardens of Dinsor Palace

🌐thegardenspalace.com 📘📷thegardenspalace ☎02-714-2112，093-124-7730 🕐週一～五11:00～21:00，週末09:00～22:00 💲飲料150銖起、餐點250銖起 ➡BTS Ekkamai站，1號出口，直行3分鐘過Sukhumvit Soi 61後第一條巷子右轉，巷內即為餐廳 🗺P.85

1.餐廳特色之一為猶如小型動物園 / 2.私人豪宅花園餐廳 / 3.風格典雅的獨棟建築 / 4.寬敞舒適的戶外庭園用餐區

　　The Gardens位於日本區Gateway Ekamai百貨商場周邊，最初建於1930年，為皇家居所，1樓為御廚及餐廳，2樓為客房，兩層樓殖民風格的花園建築，現在全區分為1樓室內用餐區及咖啡館，2樓為附設陽台私人包廂，以及戶外花園區及天鵝池塘區，適合聚餐，也可容納近300人的宴會，是舉辦婚禮的熱門場地。環境寬敞舒適，餐點精緻美味，花園種植水根植物，並可欣賞美麗優雅的白孔雀、白天鵝及黑天鵝，是一處適合享用早午餐的浪漫典雅花園。氣候涼爽的季節，建議可預訂戶外池塘區。

Route 05

曼谷咖啡名店
Casa Lapin Specialty Coffee X Sukhumvit 20

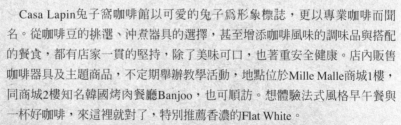

📘CasaLapin 📷casalapin ☎063-078-74711 🕐每日07:00～19:00 💲飲料100銖起，餐點250銖起 ➡BTS Phrom Phong站，6號出口，搭計程車前往Mille Malle商城，咖啡館位於1樓 🗺P.85

1.咖啡品項選擇多，其中推薦香濃Flat White/ 2.Casa Lapin多元化經營模式，成就夢想咖啡王國/ 3.法式風格用餐氛圍，美好的早晨，從這裡開始/ 4.餐點精緻美味且價格合理，讓用餐成為一種享受

　　Casa Lapin兔子窩咖啡館以可愛的兔子為形象標誌，更以專業咖啡而聞名。從咖啡豆的挑選、沖煮器具的選擇，甚至增添咖啡風味的調味品與搭配的餐食，都有店家一貫的堅持，除了美味可口，也著重安全健康。店內販售咖啡器具及主題商品，不定期舉辦教學活動，地點位於Mille Malle商城1樓，同商城2樓知名韓國烤肉餐廳Banjoo，也可順訪。想體驗法式風格早午餐與一杯好咖啡，來這裡就對了，特別推薦香濃的Flat White。

親子寵物咖啡館
Dog in Town 寵物咖啡館

📘DogInTownCafeEkkamai 📷dog_in_town 📞088-942-4964 🕐每日11:00～20:00 🚫每月第三個週二 💲入場350銖(含一杯限定飲料)，2歲以下免費入場 🚇BTS Ekkamai站，1號出口，前方Sukhumvit soi 63右轉進入Ekamai，靠右直行約15分鐘至Ekamai soi 6進入巷子，直行約2分鐘至第一個巷口右轉(可於巷口看見店家指標)，咖啡館位於左側 🗺P.85

1.戶外大草坪是毛孩子黃昏時分盡情奔跑的運動場 /**2.**咖啡館就是毛孩子舒適的家，客人也別忘了應有的禮貌喔 /**3.**毛孩子性情溫和，經常主動親近家中的客人

　　藏身於日本區巷弄中的日式平房，前院有大片綠地，提供愛狗人士舒適的休閒空間，就像在家一樣自在。這裡以哈士奇為首，同時還有其他品種的毛孩子，店主以曼谷空鐵站為兄弟們起名，像是Phrom Phong和Ari，這兩站也同時是Dog in Town的分店所在，是不是好記又有趣呢？此外，這裡提供種類豐富又美味的輕食飲品，在與毛孩子互動的同時，也能享受美食，一起度過愉快的悠閒時光。店家無提供訂位服務，請儘量避免假日前往。

日本區親子好去處

平價複合式親子育樂中心
D-Sports Stadium @ Donki Mall Thong Lo

🌐d-sports-thai.com 📘dsportsstadium 📷dsportsstadium 📞02-077-9999 🕐週一～四10:00～22:00，週五～日10:00～00:00 💲每小時成人150～170銖，兒童50～150銖 🚇BTS Ekkamai站，1號出口，前方Sukhumvit soi 63右轉進入Ekamai，搭乘MuvMi嘟嘟車或步行約15分鐘抵達Ekamai soi 5左轉，商城位於左側 ℹ商場提供每小時一班免費接駁車前往鄰近空鐵站。官網不定期推出優惠活動 🗺P.85

　　位於日本區商城Donki Mall 5樓的親子育樂中心，以運動項目為主，遊戲機台為輔，提供棒球、籃球、網球、桌球，以及拳擊等運動項目，遊戲機台以結合律動及感覺統合訓練為主，是一處讓孩子消耗體力的休閒空間。入場費以每小時計算，兒童以年齡各有不同收費，平日、假日收費不同。Donki Mall販售日系商品及食品，並附設咖啡館及食堂，是全天候親子休閒育樂的好去處。

1.兩層樓運動空間，提供各項休閒活動 /**2.**拳擊為其中一項運動項目 /**3.**Donki Mall特色吉祥物

15:40 ~ 17:40

現場銷售班加隆
日系風格成品。

曼谷班加隆工作坊
Stella Art Cafe

stellaartcafe.com StellaArtCafe stella_art_
cafe ◷週一～五10:00～18:00,週末不定期開放 💲500
銖起 ●BTS Phrom Phong站,4號出口,往反方向直行
5分鐘至Sukhumvit Soi 30右轉進入巷子,左邊第一條
巷內即為店家 ⓕ官方粉絲頁Stella Art Cafe或加Line帳
號:@779udosa預約時間 ⓂP.85

　　這是一家班加隆工作坊,除了銷售個人藝術
作品,也提供客製化手作項目,讓來客體驗手
作樂趣,並免費供應自助飲品。班加隆(Ben-
jarong)為泰國傳統工藝五色瓷,源自中國,成
為泰國知名傳統技藝,早期為王公貴族專屬,
現已普遍使用於民間,由於製作過程全程手繪
且極需豐富經驗,藝術成品通常售價較高,目
前以河城購物中心和泰國國際藝術工藝中心為
知名製作及銷售據點。

　　曼谷日本區的Stella工作坊以泰國傳統工法
為基礎,融入日系創作思維,風格活潑且饒富

1.底圖樣式選擇多,泰式傳統融入日系風格,畫風活潑可
愛 / 2.精緻創意小物 / 3.現場銷售班加隆傳統幾何對稱成品

童趣,想體驗獨一無二的班加隆手作藝術,就
來這裡吧!

高空俯瞰城市景觀，美不勝收。

17:50 ～ 19:30

6 360度俯瞰城市景觀
Octave Rooftop Lounge & Bar

f OctaveMarriott ☎ 02-797-0000 ◷ 每日17:00～02:00 (45F供餐至00:30。48、49F供餐至21:00，飲品至01:30) $ 飲品300銖起 ➡ BTS Thong Lo站，3號出口，順車流方向至Sukhumvit Soi 57，巷口即是Marriott Sukhumvit酒店，搭客房電梯直達45樓 ⓕ 兒童友善樓層為45F，20歲以上可前往48、49F MAP P.85

　　Octave Rooftop Lounge & Bar為Marriott Sukhumvit飯店附屬高空酒吧，由於地點交通便利，高樓層觀景視野極佳，頗受遊客喜愛，尤其在傍晚的促銷優惠時段，更是前往賞景的最佳時刻，除了特定酒精飲料半價折扣，並可同時欣賞日景與夜景。

　　這裡最大的賣點是每層樓皆可360度環繞欣賞城市景觀，其中又以最高樓層49樓天台的無遮蔽全景觀最為迷人。不同於知名高空酒吧Sirocco限制兒童前往及對服裝要求嚴格，Marri-

1.每個座位都是觀景點，氣氛很棒 / 2.半價優惠特色調酒，其中推薦Khao San，以蝶豆花茶為基底，呈現浪漫粉紫色 / 3.4.調味花生免費供應，輕食餐點推薦薯條及芒果糯米

ott集團酒店強調親子飯店，因此這裡自然也是適合家庭、親子的高空景觀餐廳。

其他推薦

曼谷親子友善高空酒吧

天空步道高空酒吧
Cielo Sky Bar & Restaurant

🌐cieloskybar.com 📘cieloskybar 📷cieloskybar ☎02-348-9100 ◷每日 17:30～00:00 💲300銖起 ➡BTS Phra Khanong站，3號出口，順車流直行3分鐘抵達同側W District商圈，再往商城廣場內Cielo Sky Bar接待大廳 ℹ如攜帶外食，服務人員會要求寄放櫃檯。留意官網不定期的優惠活動 🗺P.85

附屬於Sky Walk公寓大樓的住宅型高空酒吧，曾以首座「天井天空步道」打響名號，吸引不少好奇居民一探究竟；獨立電梯直通46樓酒吧，高樓層無遮蔽環形觀景台視野極佳，尤以室外玻璃帷幕座位是最佳賞景區。同時提供奢華的室內包廂，適合舉辦派對，由於地點偏離市中心，周邊高樓大廈密集度低，少了五光十射繁華之感，視野更加遼闊，觀光客也相對較少，推薦給想要遠離城市喧囂的人。

1.2.餐點價位中上，食材及口感都不錯／3.調酒不定期買一送一，非常划算／4.天井天空步道／5.包廂區可舉辦私人派對／6.吧檯區為主要表演舞台／7.高空酒吧室外座位區舒適寬敞、視野遼闊

河景與市景的雙重饗宴
ThreeSixty Jazz Lounge and Rooftop Bar

 threesixtyrooftoplounge 02-442-2000 每日
17:00～01:00(供餐至23:00，飲品至00:30) 300銖起
 BTS金線Charoen Nakhon站3號出口，或搭交通船抵
達Si Phraya Pier，再轉搭Si Phraya Pier與Klong San
Pier雙向接駁船，碼頭旁即為Millennium Hilton Bang-
kok，搭客房電梯往31樓 週一無爵士樂演奏。留意官
網不定期的優惠活動

Millennium Hilton Bangkok飯店的高空酒
吧，位於昭披耶河畔，可欣賞高樓林立的城市
景觀，與波光粼粼的迷人河景，更可登上天台
停機坪飽覽360度壯觀景象。每當夜幕低垂，
昭披耶河上熙來攘往的遊船，五光十色熱鬧非
凡，伴隨醉人的爵士樂現場演奏，無論在欣賞
市景的沙發座位區，或觀看河景的高腳椅座位
區，都很不錯。室內外皆可享用精緻餐飲，酒
吧更貼心提供兒童專屬Mocktails，是一處結合
美景、美食與浪漫氛圍的兒童友善高空酒吧。

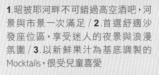

1.昭披耶河畔不可錯過高空酒吧，河
景與市景一次滿足 / 2.首選舒適沙
發座位區，享受迷人的夜景與浪漫
氛圍 / 3.以新鮮果汁為基底調製的
Mocktails，很受兒童喜愛

清新時尚空中花園酒吧
AIRE BAR

 airebarbangkok 02-055-1234 每日11:00～
00:00。Live Music：週五～六19:00～22:00 300
銖起 BTS Phrom Phong站，4號出口，前方左轉
進Sukhumvit Soi 24，步行約3分鐘，右側可見Hyatt
Place，搭客用電梯往Lobby，再轉搭客房電梯往28樓
 17:00～19:00調酒買一送一(包含兒童特調飲品)。使
用Hungry Hub訂位系統，餐點享優惠折扣 P.85

1.免費提供辣花生和兒童喜愛的薯條或小餅乾 / 2.空間設計
結合綠生態，展現空中花園氛圍 / 3.漫步酒吧長廊欣賞迷人
城市夜景

Hyatt Place飯店的高空酒吧，位於曼谷日
本區，距離知名奢華百貨Emporium僅5分鐘路
程，交通便利。不同於其他高空酒吧，這裡空
間設計清新時尚，點綴綠色植物，彷彿是空中
花園；環狀走廊連通座位區，可漫步長廊欣賞
不同角度的城市美景，整體氣氛非常適合親
子同行，加上提供兒童友善餐食及飲品，是
舉辦親子派對的絕佳地點！

泰式火鍋(Suki)，風味特別。

真材實料的泰式涼拌海鮮冬粉，是泰國旅遊必點菜色。

曼谷24小時美食街

Took Lae Dee福聯超市附設餐廳(通羅分店)

Took Lae Dee @ Foodland Supermarket (Thong Lo Branch)

🌐www.foodland.co.th ☎02-390-1188 🕐每日24小時 💲飲料35銖起，餐點65銖起 ➡BTS Thong Lo站，3號出口，順車流方向至Sukhumvit Soi 55 (Thong Lo)，進巷了搭乘雙條車或計程車抵達Thong Lo Soi 8，Foodland所在Eight Thong Lo商城位於巷口 🗺P.85

　　Foodland以進口高級食材起家，已有將近50年歷史，目前開設多間分店，生鮮蔬果品質好，商品價格合理，常有買一送一促銷活動。

　　除了提供高品質生鮮食材，以及價格優惠進口商品，超市附設餐廳Took Lae Dee，首創泰國全天24小時餐飲服務，隨時提供現點現做美食，餐點種類包含泰式、美式及亞洲料理，選擇多樣，而且還能客製化餐點。採開放式廚房，料理過程透明化，價格合理且服務親切，是宵夜簡餐的好選擇，其中泰式風味粿條、泰式火鍋、平民美食嘎拋飯、涼拌海鮮冬粉，都很推薦。

1.福聯餐廳客製化街邊美食 / **2**.百吃不厭泰式風味粿條(Kuay Teow Pad Kee Mao) / **3**.嘎拋飯是必嘗美味

惬意假日遊，感受泰國古典與創新的力量。

拉差裡威、恰圖恰、邦帕拉

ratchathewi, chatuchak, bangphlat

「恰圖恰假日市場」是曼谷自由行採買必訪勝地，商家眾多，產品種類也非常多，日常生活用品、文創設計商品、大型家居飾品應有盡有，可說是任何南北雜貨都能在這裡找到！鄰近假日市場的勝利紀念碑周邊，探索「白菜園宮殿」的班清考古遺址，以及「Cafe Narasingh」皇家咖啡館，感受片刻重返舊時代的氛圍。

前往「飛機文創市集」，週末是最佳時刻，夜幕低垂華燈初上，巨型飛機地標與特色裝置藝術，伴隨著燈光音效與現場演唱，別有一番文藝氣息。這裡是創意工作者的殿堂，結合工作室、餐廳、酒吧及在地攤商，致力推動泰國藝術之凝聚與傳承。想感受泰國文創力量，就到假日市場與飛機市集走走吧。

愜意假日遊！
感受泰國古典與創新的力量。

09:30 ～ 11:00

Start

① 白菜園宮殿

🚶 步行約15分鐘

16:30 ～ 18:00

④ Café Narasingh

🚈 搭車約３０分鐘

11:15 ～ 12:30

② Gongtong

🚈 搭車約30分鐘

18:30 ～ 20:20

Goal

⑤ 飛機文創市集

13:00 ～ 16:00

③ 恰圖恰假日市場

🚈 搭車約20分鐘

一日花費	白菜園宮殿門票	100
	午餐、午茶及晚餐預估	800
交通未計 幣值泰銖 含稅	Total	900

交通對策

　　以勝利紀念碑為中心，搭乘空鐵及步行前往皇家古宅，水門區泰菜餐廳周邊交通擁擠，建議步行前往，以節省時間，或可短程體驗嘟嘟車。前往假日市場、皇家咖啡館及飛機文創市集則可直接搭計程車前往。

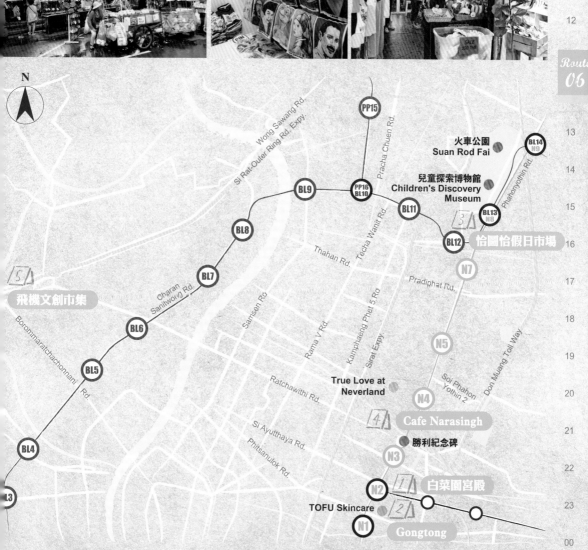

09:30 ～11:00

8棟古宅由木橋相連
收藏許多珍貴文物

泰國第一座皇家博物館
白菜園宮殿
Suan Pakkad Palace Museum

🌐 www.suanpakkad.com 📞02-245-4934 🕐每日09:00
～16:00 💲成人100銖，兒童50銖 🚇BTS Phaya Thai站
4號出口，靠右順路前行5分鐘，博物館位於右側 ❓部
分館內文物禁止攝影，請注意告示 🗺️P.101

　　白菜園宮殿博物館始於1952年，為泰國第一
座公開展示的皇家府邸，這裡曾經是Chumbhot
王子殿下及妻子的故居，並於1968年授權基
金會管理，占地6萊，由8棟相連的泰式建築組
成，內部保存泰國傳統工藝及代代相傳的珍貴
文物。庭園南側展示五世皇時期皇家駁船，以
及由大城搬遷至此的樓閣，內部的珍貴壁畫推
估始於17世紀中那萊國王時期。

　　基金會於1996年成立班清文化（Ban Chiang）
展覽館，闡述東南亞地區人類生活演進與貿易
網絡等重要信息，最早可追溯至4,000年前新石

1.樓閣內部金色壁畫，上部描繪佛教故事，下部闡述史詩神
話 / 2.樓閣佇立幽靜庭園，與繁華都市景象大相徑庭 / 3.完整
保存五世皇時期柚木駁船 / 4.第六棟古宅為Khon劇博物館

器時代，還可　窺泰國東北冶金技術發源，足
以媲美考古遺址，極具歷史意義及參觀價值。

11:15 ～12:30

泰國傳統料理個人套餐
Gongtong

 gongtongthailand 064-879-0149 每日10:00～20:30 250銖起 機場快線Ratchaprarop站1號出口，出站向右走至PR Place酒店右轉進巷子，左側為Baiyoke Sky停車場入口，穿過停車場往水門市場方向第一條巷子右轉，直行2分鐘至全家便利商店左轉，店家位於前方左側 P.101

1.店家外觀醒目搶眼 / 2.店內布置復古小清新 / 3.泰式炒河粉套餐 / 4.綠咖哩套餐

Gongtong泰式料理藏身在曼谷水門區巷弄中，鄰近知名觀光景點水門市場。店主採用家傳食譜製作各式美味佳餚，餐點主題囊括泰國4個朝代，從素可泰、大城、吞武里到拉達那哥新時期。提供單點料理及推薦的個人套餐組合，套餐包含主餐、配菜及甜點，多樣單品，可依喜好選擇，滿足每位客人的需求。更少不了遊客最愛的芒果糯米，從餐點中感受店主的用心及手藝，是值得推薦的曼谷特色餐廳！

其他推薦
女孩們必訪！水門區藥妝店

曼谷知名藥妝批發
TOFU Skincare

 ToFuSkincare tofuskincare_official 093-941-4235 每日09:00～18:00 BTS Ratchathewi站4號出口，往Phaya Thai路與Phetchaburi路交口處右轉，再直行6分鐘，商家位於左側 不定期公休。加Line帳號：@tofu_skincare，接收即時訊息 P.101

　　TOFU Skincare購物空間舒適，交通便利，販售商品眾多，以美妝保養為主，包含知名泰國品牌，像是Malissa Kiss、Beauty Buffet、Beauty Cottage、Mistine等，同時銷售特色藥妝伴手禮，是前往水門地區不可錯過的商家。

1.由MRT出站即為第2區地標Karmakamet / 2.市場占地廣大，巷弄錯綜複雜，商品種類眾多

3

泰國最大戶外市集
恰圖恰假日市場
Chatuchak Weekend Market

http chatuchakmarket.org ChatuchakmarketBangkok chatuchakweekendmarket 02-272-4813 週末09:00～18:00(部分商家營業時間週五～日05:00～00:00) MRT Kamphaeng Phet站2號出口，左右兩側皆為市集入口。或由BTS Mo Chit站1號出口步行前往 週二09:00～20:00及週三～四05:00～18:00為植物市集 P.101

恰圖恰假日市場自1982年搬遷至現址，營業超過40年，規模堪稱世界最大，1萬5千家店鋪分布在30個區域裡，商品包含生活類、設計品、流行小物、藝術創作、家居飾品等，也有販售餐點的店家及攤商，經常讓遊客花上一整天待在這裡。然而，假日市場為戶外市集，除了年底氣候舒適宜人，其他時候大多悶熱難耐，因此重點採購絕對必要，可參考以下精選的12間商家，或是預先查詢想去的商家店號，讓購物更有效率。此外，也可抽空拜訪市場旁的新興美食購物空間Mixt Chatuchak。

1 YES IDID
2 Candle Fu
3 Bang!Bang!Shop
4 Chuan Pisamai
5 Hey Pilgrim
6 Smell Lemongrass
7 Smell Lemongrass
8 Cotton Alley
9 Sirocco
10 Nice Little Clay
11 Palmy Shoes
12 J.J. Benjarong
13 J. ALI
14 Gate 1
15 Gate 2
16 Gate 3
17 Clock Tower
18 MRT Kamphaeng Phet

市場內免費接駁車

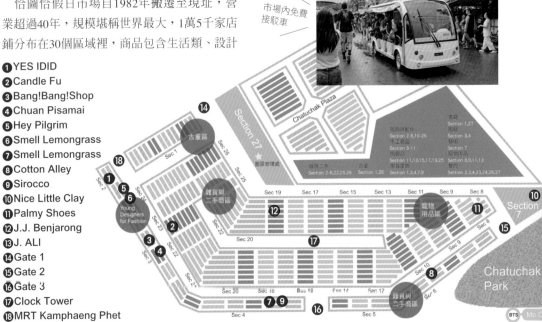

※ 相機帶專賣
YES IDID

📘 yesidid.camerastrap ⓘ yesidid_camerastrap ✉ Section 2, Soi 41/1, No.274 📞 096-282-3949 🕐 週末11:00～18:30 ➡ 由第3區42巷進入，位於右側 ℹ 客製商品需費時30分鐘。預訂可加Line: @yesididcamerastrap

　　YES IDID的相機帶樣式選擇多，手工質感佳，另有鑰匙圈，從選擇款式、字樣、字體及色調，都可客製專屬於你的商品。鑰匙圈120銖起，相機帶350銖起，另外也有吉他背帶。

∧ 各款相機帶

※ 插畫塗鴉親子服飾
Bang!Bang!Shop

📘 bangbangshopth ⓘ bangbangshopth ✉ Section 3, Soi 42/1, No.30 📞 098-656-9591 🕐 週末10;30～19:00 ➡ 由第3區前往42/1巷，位於右側

　　以插畫塗鴉T恤為主，亦有周邊商品，像是購物袋、洋裝、褲裙等，畫風特別，色調醒目，款式及尺寸多樣，成人及兒童服飾可搭配成親子裝，在Terminal 21 Asok 2樓2128室也有分店。上衣290銖起，商家可提供批發價格。

∧ 個性塗鴉服飾

∧ 平價塗鴉軟袋

※ 天然香氛蠟燭
Candle Fu

🌐 candlefu.com 📘 candlefu ⓘ candlefu ✉ Section 23, Soi 32/1, No.325 📞 093-652-6229 🕐 週末09:00～16:30 ➡ 由第23區32巷進入，位於右側

　　福溢手工香氛蠟燭，使用100%大豆蠟製成，可直接塗抹肌膚，添加來自清邁手製精油，搭配獨一無二原木盒，散發出自然原始氣息。共有6款香氛蠟燭，分為3種尺寸，價格250銖起，是很熱門的純手工製品。城堡夜市Jodd Fairs Danneramit也有駐點。

每一款蠟燭都 > 是天然香氣

※ 夢幻系列時尚配件
Chuan Pisamai

📘 ChuanPisamai ✉ Section 3, Soi 43/2, No.125-126 📞 095-554-0638 🕐 週末09:30～18:30 ➡ 地鐵站2號出口，向右往第3區，位於左側 ℹ 商品不可拍照。留意粉絲頁優惠訊息

　　以夢幻配件擄獲女孩們的心，飾品、遮陽帽及泳裝，以花朵、蕾絲及薄紗裝飾設計，還有婚禮使用的花圈、頭飾及手繩，唯美的風格，展現新人優雅氣質。商家在阿梨區開設咖啡館，同樣是夢幻滿分，擁有眾多粉絲。商品1,500銖起。

商品夢幻唯美，且獨具特色 >

※ 純手工嬰幼兒服飾及親子裝
Hey Pilgrim

🌐heypilgrim.net ⓕheypilgrim ⓖheypilgrimclothing ✉Section 3, Soi 42, No.125 📞085-900-7475 🕐週末10:00～17:00 ➡地鐵站2號出口，向右側往第3區，位於右側近Gate 26 🎁官網不定期舉行特賣

精品嬰幼兒服飾店，所謂精品，並非價格昂貴，而是店主身兼設計師所堅持的品質，100%純棉衣料，獨家設計，純手工印染，遵循古法不使用化學成分，旗下品牌有Hey Pilgrim、Little Pilgrim、Hey Pilgrim Swim，2007年創業至今，擁有不少忠實顧客。服飾價格200銖起。

純手工製作幼兒服 >
飾及親子裝

※ 天然香茅系列產品
Smell Lemongrass

🌐smelllemongrass.com ⓕSmellLemongrass ⓖsmelllemongrass ✉Section 3, Soi 43/2, No.289與Section 4, Soi 52/1, No.317 📞086-135-6111 🕐週末09:30～19:00 ➡地鐵站2號出口，向右往第3區，位於左側(第4區亦有分店)

以香茅爲主成分製成的防蚊液最具知名度，成分天然，幼兒使用安心。產品種類有蚊香、香茅皂、香茅精油、擴香瓶等，而目前以多款香味的室內香氛餅最受歡迎，每塊100銖，值得入手！暹羅商圈Gaysorn Village與Central World及Terminal 21 Asok也有分店。

天然香茅系列產品 >

※ 純棉民族風服飾
Cotton Alley

🌐cotton-alley.business.site ✉Section 6, Soi 62, No.271 📞086-610-1094 🕐週末08:00～18:00 💲500銖起 ➡第6區62巷，巷口轉角

Cotton Alley正如其名，使用百分百純棉衣料，民族風花紋設計，樣式選擇非常多，款式有公主風上衣、細肩帶洋裝、短袖洋裝等，喜歡民族風的朋友，記得來尋寶！

多款民族風上衣及洋裝 >

※ 平價寶石手繩
Sirocco

一般手繩

ⓖsirocco.official ✉Section 4, Soi 52/1, No.309 📞Line：@sirocco 🕐週末10:00～19:00 💲250銖 ➡第4區52/1巷

泰國設計師品牌Sirocco，以寶石爲主要元素，搭配高品質素材，手工細緻，物有所值，值得入手。在Terminal 21 Asok百貨3樓3036室、Emquartier購物中心Another Story及ICONSIAM商場The Selected也有銷售櫃位。

讓人愛不釋手的設計 >
款寶石手繩

純手工手繪餐具
Nice Little Clay

📘Nice Little Clay ✉Section 7, Soi 63/5, No.223-224 📞082-428-7892 🕐週六10:30～18:00，週日11:00～18:00 💲200銖 ➡第7區5巷

Nice Little Clay屬於藝術創作類商品，純手工製作粗獷陶器，手繪童趣風格插畫，碗、盤、小碟、茶杯、馬克杯、杯墊及煙灰缸，每件都是手工打造且獨一無二，是值得收藏的實用藝術品。

純手工製作，每件商 >
品獨一無二

精油擴香石
J. ALI

超療癒
彩色魔法石

📘J.ALi ✉Section 8, Soi 16/2, No.348-349 📞097-235-3645 🕐週末09:00～18:00 ➡第8區16/2巷

不同於一般擴香瓶，以色彩繽紛的魔法石，搭配天然精油，每次使用3～5滴，可持續使用2年，每組199銖，用量省、價格平實，很受遊客喜愛，分店於暹羅商圈曼谷市場2樓恰圖恰專區。商家可提供批發價格。

各款香氛味道都不 >
錯，推薦Loisa和Relax

平價泰國勃肯鞋
Palmy Shoes

✉Section 16, Soi 23/8 🕐週末09:00～18:00 ➡第16區23/8巷口

Palmy Shoes有泰國勃肯鞋之稱，價格比正版勃肯鞋平價許多，每雙169銖，有眾多花色及樣式可挑選，在恰圖恰市場擁有高知名度，零售商也不少，可選擇位置方便的店家購買。

∧ 款式眾多，價格便宜

泰國五色瓷工廠
J.J. Benjarong

🌐handicraft-577.business.site 📷jjbenjarong ✉Section 19, Soi 6/1, No.19-20 📞081-904-7111 🕐週五～日11:00～18:00 💲100銖 ➡第19區6/1巷

J.J.Benjarong是恰圖恰市場中老字號班加隆工廠，創立於1987年，班加隆也就是五色瓷，通常使用3～8種顏色繪製，並以幾何圖形與花卉為主要圖騰，從前為皇室貴族專用，目前廣泛於民間使用或贈禮，是極具泰國特色的傳統工藝品。

商品價格經濟實惠 >

古典雅緻的咖啡館吧台。

遊玩鐵則

走訪咖啡館可順遊皇宮(參觀外部，內部僅週六～日09:30、13:30導覽參觀，可留意臉書公告)。

泰國首家咖啡館
Cafe Narasingh

f CafeNarasingh ☎064-462-3294 ◎每日08:30～18:00 ⑤飲品及餐點65銖起 ➡BTS Victory Monument站3號出口，連接天橋向左行，下天橋往Ratchawithi路直行10分鐘或搭乘MuvMi嘟嘟車，皇宮位於右側醫院(Phramongkutklao)旁 ◍P.101

藏身曼谷勝利紀念碑周邊Phyathai皇宮中的祕密基地，Café Narasingh是泰國第一間咖啡館。這裡曾是拉瑪六世專屬休憩及接待官員或外賓的場所，承襲五世皇時期的西化潮流，殖民式風格，有別於傳統泰式建築。咖啡館內環境高雅，保留舊有的擺設與陳列，彩繪地磚、雕花梁柱、精美壁燈、古董家具，就連菜單都很別致，價格卻是平易近人，還有機會品嘗宮廷私房料理。無論用餐或午茶，即使點一杯咖啡，坐在窗邊，感受重返舊時光的氛圍，都是很棒的體驗。

1.必嘗各款當日限量蛋糕及咖啡 / 2.咖啡館入口 / 3.古典雅致座位區 / 4.皇宮各個角落都很迷人

其他推薦

勝利紀念碑特色咖啡館

曼谷唯一哈士奇咖啡館
True Love at Neverland

🅵neverlandsiberians 📞090-101-9669 🕐每日11:30售當日票,額滿為止。報到時間為12:30(第一場13:00~14:00)和15:30(第二場16:00~17:00) 🈺每月最後一個週日 💲每人350銖 ➡BTS Ari站3號出口,轉搭MuvMi嘟嘟車或計程車前往 ⓘ只收現金,遊客給予的小費則由店家定期捐款動物之家 🅼P.101

　　店主飼養許多哈士奇,就像自己的孩子般細心照料,希望以互動咖啡館的模式,讓更多喜歡哈士奇的朋友享受療癒時光。由於哈士奇的特性不同於一般寵物,因此希望遊客能遵守店主規定,讓毛孩子們可以在自由自在的環境與客人互動。

　　店主安排每日5場哈士奇的戶外運動時間,並提供其中兩場給當日購票的遊客,建議平日前往。門票包含一杯任選飲料及瓶裝水,店家僅供應簡餐,也禁帶外食,純粹提供舒適整潔的環境給喜歡哈士奇的朋友們,此地不同於其他寵物咖啡館,是一處另類的主題咖啡館。

1.2.咖啡館是一座私人宅院,溫馨舒適 / 3.門票含兩份飲品 / 4.超多可愛的哈士奇 / 5.互動時間結束,安排哈士奇奔跑秀,返回室內休息 / 6.哈士奇與店主的互動 / 7.入場規定嚴謹,因此空間非常乾淨舒適

遊玩鐵則

建議16:00後前往市集，感受晝夜不同的氣氛。

公共空間的大型裝置藝術。

設計很有特色的美食街儲值卡

5 泰國藝術創作之凝聚與傳承

飛機文創市集
Chang Chui Creative Park

🌐 changchuibangkok.com 📘 ChangChuiBKK
📷 changchuibkk 📞 081-817-2888 🕐 每日11:00～
23:00 🚫 夜市週一休 ➡️ 搭乘計程車。或至BTS Victory
Monument站，再轉搭計程車前往，車資約120銖 ⓘ 平
日營業店家較少。使用Grab車輛媒合系統享折扣優惠
🗺️ P.101

飛機市集以巨型飛機為地標而得名，這裡是文創工作者聚集之地，以凝聚和傳承泰國藝術創作為使命，園區為工業風格混搭潮流元素，並融入綠生態主題，集結創意工作室、商店、餐廳、酒吧及藝文展覽，每個角落都極具特色，很適合拍照取景，與其說是市集，不如說是戶外藝術展覽館。

飛機市集分為兩大主題區，除了週一飛機夜市休息之外，每日對外開放，Green Zone營業時間為11:00～23:00，Night Zone營業時間為

1.巨型飛機不但為醒目地標，也是創意料理餐廳Na-Oh / 2.市集內的創意工作室 / 3.大量運用綠色主題，戶外空間舒適

16:00～23:00，建議在16:00之後前往參觀，可同時感受晝夜不同的氣氛，每當夜幕低垂，大型裝置藝術襯著燈光音效，別有一番風情。即使地點位於曼谷邊陲，交通並不便利，然而園區風格獨特，與一般市集大相徑庭，絕對值得一訪，喜歡泰國文創藝術的朋友，不妨前往體驗不同於一般觀光市集的風格與氛圍。

公園內亦有蜀葵

曼谷最美親子公園

Suan Rod Fai火車公園

Wachirabenchathat Park

📞02-537-9221 🕐每日05:00～21:00 💲公園免費，單次租借自行車20～50銖 🚌從BTS Mo Chit站3號出口轉搭計程車前往，或從MRT Phahon Yothin站3號出口，穿過出口旁公園，走公園旁天橋越過高速公路，下橋後順著車流前往Kamphaeng Phet 3 Rd，火車公園入口位於右側，全程步行約15分鐘 ❓租借自行車遊園，但要留意歸還時間 🗺️P.101

火車公園緊鄰恰圖恰公園，有著大片綠地、多處池塘與綠蔭大道，環境優美且空氣清新，尤其在年底至翌年初，泰國櫻花、紅花風鈴木綻放，景色美不勝收，是拍照取景勝地。

1.列車車廂為火車公園地標，也是自行車道起點 / 2.紅花風鈴木綻放，是一年當中最美的時節 / 3.自行車道規畫完善，寬3公尺，總長3公里

公園設施包含多處戶外兒童遊樂場、蝴蝶館、博物館、球場、餐廳，以及最具特色的3公里環狀自行車道。園內有平價自行車，大人小孩都可租借，也有野餐墊，租借費用低廉。每到黃昏時分，常見民眾騎乘自行車、席地野餐，或從事有氧運動，感覺相當愜意。

免費且好玩的兒童育樂館

兒童探索博物館

Children's Discovery Museum

🌐cdm-bangkok.com 📘bkkchildrensmuseum 📞02-272-4500 🕐週二～日10:00～16:00 ⏸️週一 💲免費 🚌BTS Mo Chit站1號出口，往假日市場Gate 2，Mixt商場對面，步行約10分鐘 ❓入場須在服務台出示護照或證件登記 🗺️P.101

兒童探索博物館位於恰圖恰假日市場旁，由三棟色彩鮮明的建築物構成，外觀醒目，館內共分8個主題區，適合各年齡層兒童動手操作體驗。戶外有叢林主題攀爬區、海洋主題戲水公園（戲水區場次為10:00～11:30、13:30～14:30、15:00～16:00，可自備泳衣和毛巾），以及恐龍化石探索區，活動空間寬闊；室內則依不同年齡提供職業體驗館、自然科學館、文

1.叢林主題大型攀爬區 / 2.海洋主題戲水區，每日3場 / 3.幼兒職業體驗館，環境舒適，活動項目多元

化體驗館、益智遊戲館，與泰、英文書籍圖書館。戶外區貼心設置休憩站，可自備餐食用餐，探索館周邊亦有廣大的公園綠地，可從事多元的活動項目，非常適合親子休閒。

石龍軍路美食 & 文青小旅行。

Bang Rak

石龍軍路 (Charoen Krung Road) 為曼谷交通要道之一，建造於西元 1862
1864 年拉瑪四世時期，至今已有 150 年歷史，是泰國第一條現代化道路。
它起始於曼谷老城區大皇宮及臥佛寺，行經中國城，向南延伸至 Bang Rak 和 Bang
Kho Laem 區，全長 8.6 公里，是對外貿易及城市興起的象徵。近年隨著文創產業蓬
勃發展，泰國創意設計中心進駐，賦予老城新風貌，以街頭小吃及 5 星酒店聞名的石
龍軍路，周邊興起創意商城、藝文展覽館、特色咖啡館及文青旅店，與原有老字號美
味食肆及舊式歐風建築，新舊元素相互衝擊，無違和展現曼谷都市更新的創意與時尚。

石龍軍路美食 &
文青小旅行。

09:30
~
10:30

Start

 王子豬肉粥

 步行約10分鐘

10:40
~
12:00

 TCDC
泰國創意設計中心

步行約6分鐘

12:06
~
14:00

 Warehouse 30

步行約6分鐘

14:06
~
15:30

 曼谷人博物館

 搭計程車約6分鐘

15:36
~
17:40

Health Land
按摩會館

 步行約10分鐘

17:50
~
19:30

Lek Seafood

 搭計程車約5分鐘

| 19:35 ~ 21:00 | 7 萬客隆 |

一日花費	早餐	50
交通未計	午餐	200
幣值泰銖	泰式按摩	600
含稅	晚餐	500
	Total	1,350

Goal

Route 07

交通對策

　　搭空鐵至鄭皇橋車站(Saphan Taksin)，3號出口出站，向左側沿著石龍軍路步行，途中有不少老字號商家，停下腳步品嘗美食，感受舊街市的繁榮，再至泰國創意設計中心，以及記載曼谷舊時期的生活博物館。午後搭計程車前往同樣位在Bang Rak區的知名泰式按摩會館，晚餐大啖完平價海鮮料理，再搭計程車往號稱泰國好市多的萬客隆賣場，購買伴手禮。

Warehouse 30

3

4 曼谷人博物館

A Coffee Roaster by Li-bra-ry

Si Phraya Pier

Phuttha Osot Alley

Surawong Rd.

2

TCDC 泰國創意設計中心

昭披耶河

Sirat Expy

Charoen Krung Rd.

Surasak Rd.

Silom Rd.

Pramuan Rd.

Pan Rd.

Narathiwas Rajanagarindra Rd.

Lek Seafood 6

鐘那席站 S3
Chong Nonsi

Kamoo Charoen Sang Silom

5 Health Land 按摩會館

1 王子豬肉粥

新記烤鴨
仁和園涼茶

North Sathorn Rd.

S4

聖路易斯站
Saint Louis

往 萬客隆

S5

蘇叻沙克站
Surasak

S6

鄭皇橋車站
Saphan Taksin

N

王子豬肉粥
Jok Prince

☎081-916-4390，089-795-2629 🕐每日06:00～12:00，16:00～22:00 💲45銖起 🚇BTS Saphan Taksin站3號出口，左轉直行石龍軍路約2分鐘，位於右側 🗺P.115

1.必點豬雜肉丸粥加雞蛋 / 2.店內用餐空間不大，整體乾淨明亮，有簡易英文菜單，方便遊客點餐

王子豬肉粥位於王子戲院門口，因而得名，即使百年歷史的戲院已關閉，店家仍沿用王子這個名稱營業至今。三代相傳60年美味，綿密濃稠且略微焦香的白粥，搭配粗曠豬肉丸及醃過的入味豬雜，再以蔥、薑及香菜提味，是一種簡單的好滋味。不喜內臟也可選擇肉丸白粥，每份均一價45銖，另加雞蛋5銖、皮蛋15銖，真材實料且分量多，可說是物美價廉，因此有許多忠實顧客。此外，由於米其林推薦，慕名而來的遊客亦不在少數，是石龍軍路必訪美食之一。

Close up!
石龍軍路美食老店
特輯放大鏡

仁和園涼茶 Nam Khom Wa Tow
人人都愛來一杯的消暑涼茶

🅕bitterdrinkbangrak ☎092-823-6295 🕐週一～六08:00～20:00 🈶週日 💲9銖起 🚇BTS Saphan Taksin站3號出口，左轉直行石龍軍路約1分鐘，位於右側 🗺P.115

1.仁和園華陀涼茶老店/2.現場飲用品項依當日提供為主，每杯9銖/3.各式瓶裝飲品，每瓶20或30銖

仁和園創立於1931年，是老字號涼茶店。炎熱的曼谷街頭，涼茶甚是消暑，飲品有泰國常見的龍眼水、蓮藕水、蜂蜜水、菊花茶和洛神茶，另有木敦水、青草水、王老吉和羅漢果，可以現場飲用或外帶，杯裝以當日品項為主，瓶裝則有各式風味，是價格便宜且真材實料之漢方保健飲品。推薦消暑解熱菊花茶，風味不同於一般攤商或餐廳過甜口感！

相傳四代的廣式烤鴨

新記烤鴨 Prachak Pet Yang

prachakrestaurant.com ❶ Ped Prachak ☎02-234-3755 🕒每日08:30～20:30 💲50銖起
➡BTS Saphan Taksin站3號出口，左轉直行石龍軍路約2分鐘，位於右側 🗺P.115

　　新記創立於1909年，是石龍軍路知名百年老店，歷經4代相傳的美味，有許多老主顧。餐點以廣式燒臘爲主，提供烤鴨、脆皮燒肉、叉燒等任君選擇，可搭白飯、雞蛋麵及雲吞；白飯搭配淋上醬汁的燒臘，是最經典的美味，百吃不厭。菜單除了中英泰文之外，也有部分圖片，點餐容易，服務親切，價格平實，是在地居民日常餐食，也有不少遊客慕名前來嘗鮮。首推烤鴨燒肉飯。

1.新記爲曼谷百年老字號燒臘店 / 2.首推烤鴨燒肉飯 / 3.店內提供麵食類餐點選擇

曼谷最好吃的豬腳飯

Kamoo Charoen Sang Silom

☎02-234-8036 🕒每日08:00～13:00 💲60銖起 ➡BTS Saphan Taksin站3號出口，左轉直行石龍軍路約8分鐘，抵達與Silom Road交匯處紫色SCB銀行，位於銀行旁巷內 ⓘ建議中午前抵達，以免向隅 🗺P.115

　　稱Charoen Sang Silom爲曼谷第　名豬腳可說是當之無愧，不但是米其林推薦美味小吃之一，更是泰國各大美食專欄一致推崇的老字號豬腳飯。米飯是泰國人的早餐選擇之一，除了豬肉粥、燒肉飯和雞肉飯，豬腳飯也很熱門。店家開業於西元1959年，每日營業時間不長，要想品嘗特定部位，勢必趕在午餐之前。香氣四溢又入口即化的豬腳，有種令人懷念的古早風味，搭配店家特製辣椒醬，好滋味難以忘懷，受歡迎的程度不言而喻，Sophia也都經常點餐外送，推薦帶骨豬腳搭配特製辣椒醬！

1.地點位於巷弄中，食客絡繹不絕，爲曼谷人氣小吃 / 2.必點蹄筋飯，經常提前售罄 / 3.不可錯過搭配豬腳的靈魂醬料

5樓公共空間與咖啡館，推薦到此喝杯咖啡。

[2] 曼谷文創基地TCDC
泰國創意設計中心
Thailand Creative and Design Center

🌐 tcdc.or.th 📘 tcdc.thailand ☎ 02-105-7400，ext.213、214 🕐 週二～日10:30～19:00 🚫 週一 💲 公共空間免費，1日通行票100鈇 🚇 BTS Saphan Taksin站3號出口，左轉直行石龍軍路約10分鐘，位於左側 🗺 P.115

1.郵政總局保留基本郵政服務 / 2.迦樓羅(Garuda)是皇室的象徵，也是泰國國徽，政府機關可見此圖騰 / 3.1樓禮品部可購買特色文創商品 / 4.5樓空中花園可欣賞市景

泰國創意設計中心成立於2005年，進駐EM商圈Emporium購物中心，2017年遷址至泰國郵政總局大樓，占地將近9,000平方米，空間相對寬敞，以推動泰國社會人文與現代藝術爲宗旨，也是創意人才培育中心。

TCDC的標誌以泰國傳統甜點Khanom Saisai爲發想，象徵泰國人融合創造力與設計感的智慧結晶。入口位於郵政總局主建築右棟，以5樓的Creative Space連結前棟與後棟建築，公共空間包含同樓層咖啡館及空中花園，在此可欣賞天際線城市景觀。

會員空間包含藏書超過1萬8千冊的Resource Center、Maker Space，以及Material & Design Innovation Center等，可購買一日通行票或會員年票入場，這是一處適合大眾參觀的藝文空間，更是創意工作者不可錯過的知識殿堂。

12:06～14:00

曼谷文創園區 Warehouse 30

warehouse30.com Warehouse30BKK warehouse30.bkk 02-237-5087 每日09:00～20:00(各商家營業時間不同) 免費 BTS Saphan Taksin站3號出口，左轉直行石龍軍路約16分鐘，左轉進入Charoenkrung Soi 30 MAP P.115

Warehouse 30由知名建築師Duangrit Bunnag打造，這位設計師同時是TCDC創辦人之一及The Jam Factory發起者，將二次大戰時期廢棄倉庫，改建爲時尚文創空間，占地4,000平方米，以工業風格爲主軸，賦予老宅新生命。9個貨倉，各自獨立空間，卻又可相互聯通，包含品牌概念店、個性咖啡館及餐廳等。此外，多處公共空間提供藝術展覽、研討會及舉辦藝文活動，兼具人文藝術欣賞及放鬆休憩。

1.各貨倉商品種類多元，陳列各異，猶如文創展覽館 / 2.曼谷Bang Rak區廢棄倉庫成為時尚文創空間 / 3.文創園區周圍塗鴉牆

老品牌×新店址

A Coffee Roaster by Li-bra-ry

acoffeeroasterbkk acoffeeroaster.bkk 每日09:00～19:00 位於Warehouse 30第6貨倉

Li-bra-ry是曼谷知名老牌咖啡館，其中又以Warehouse 30分店爲咖啡烘焙基地，採用泰北清萊咖啡豆，老式烘焙自產自銷，調製獨特風味咖啡，爲其最大賣點。此除之外，以極具泰國傳統特色斑蘭葉爲主角，製作歷久不衰的香酥造型鬆餅，也是一大賣點，爲造訪文創園區不可錯過的特色咖啡館。

1.Li-bra-ry位於Warehouse 30的分店 / 2.必點招牌鬆餅，另有其他甜點

[4] 回味30'~50'年代中產階級生活
曼谷人博物館
Bangkokian Museum

f BkkMuseum ☎ 02-233-7027 ⏰ 週二～日10:00～16:00 休 週一 $ 免費 ➡ BTS Saphan Taksin站3號出口，左轉直行石龍軍路約15分鐘，右轉進入Charoen Krung Soi 43直行3分鐘，位於右側 MAP P.115

博物館展示曼谷人於1937～1957年的生活型態。在經歷二次大戰後，曼谷由農業社會轉型為商業中心，這座80年宅院即是這段歷史的見證者。產權原屬於Varaphon Surawadee女士，

1.坐落在城市中的靜謐花園古宅，受西化潮流影響，這棟宅擁有花園景觀 / 2.客廳及餐廳隱約可見西化風潮 / 3.主臥室

她發起社區居民贊助，成功維護古蹟周邊環境原貌，目前由曼谷市政府管理。

古宅有兩棟樓房及一座排屋，庭院前方主樓建於西元1937年，當時西化潮流興起，因此該建築設計融合了中式屋瓦及西方元素；內部則以家用電器、家具家飾及手工藝品，呈現二戰前後曼谷中產階級的生活方式。幽靜的庭園、殖民風格建築、老式家具，勾勒出舊時期生活的恬靜閒適，進入參觀只需登記造訪者英文名、國籍、人數和抵達時間，不收取門票，是值得細細品味的民間博物館。

[5] 平價連鎖按摩會館
Health Land
Sathorn

http healthlandspa.com f healthlandspa.official IG healthland.official ☎ 02-637-8883 ⏰ 每日09:00～00:00 $ 400銖起 ➡ BTS Saint Louis站1號出口，位於左側轉角處 MAP P.115

Health Land以平實價格及專業標準化服務打響名號，像是具泰國特色的古法按摩及藥草球芳療，價格與品質比其他同級Spa中心相對超值，加上寬敞的獨立包廂，是其擁有眾多忠實顧客的原因。結合中式藥草概念，研發自家芳療產品，於旗下Spa會館及購物中心銷售，並朝經營度假酒店發展，以一站式服務打造Spa王國，為曼谷旅遊首選的泰式按摩體驗名店。

17:50 ～ 19:30

∧ Lek Seafood為巷弄中不起眼小店

∧ 餐點品項選擇多

6 觀光區平價海鮮料理首選
Lek Seafood

f Lek Seafood Bangkok **C** 096-645-9646 **O** 週一～六 17:00～00:00 **休** 週日 **$** 餐點100銖起，刷卡需額外支付總金額3%手續費 **→** BTS Chong Nonsi站4號出口，後方轉角處7-11超商巷內左側即是 **MAP** P.115

　　位於空鐵站旁的Lek Seafood可說是交通便利又物超所值的海鮮泰菜餐廳，藏身小巷中，店面並不起眼，食客多半為當地居民，由於位處席隆觀光區，也常見遊客造訪。食材新鮮、價格平實且服務親切，是店家擁有忠實顧客的不二法門，無論是想嘗試泰式熱炒，或想大啖新鮮海產，這裡是不錯的選擇，一般海鮮料理百元起價，秤重計費的蝦蟹海產也是價格合理。

Goal 19:35 ～ 21:00

∧ 萬客隆營業時間長，地點偏離主要觀光區

∧ 當季水果品質佳且價格划算

7 泰國好市多量販賣場
萬客隆(沙吞分店)
Makro (Sathorn)

http siammakro.co.th **f** siammakro **C** 02-676-0676 **O** 每日06:00～22:00 **→** BTS Chongnonsi站5號出口轉搭BRT或計程車前往 **ⓘ** 只收現金且不提供購物袋 **MAP** P.115

　　萬客隆在泰國已有30年歷史，是知名量販賣場，分店地點多數偏離市中心。萬客隆的商品幾乎是量販包裝或特大尺寸，對遊客而言，比較適合採買的是新鮮水果和零食，當季水果品質佳且價格便宜，而零食則是量販包裝，單包價格比一般零售划算。還有許多小尺寸量販美妝保養品，在遊覽曼谷景點的途中，不妨順道一訪，體驗當地賣場及居民生活日常。

北欖府悠閒一日，穿泰服遊暹羅古城。

北欖府
samut prakan

泰國北欖府有兩處特色博物館，分別為「三頭象神博物館」和「暹羅古城」。三頭象神博物館擁有巨型雕塑的工藝之美與稀奇珍貴的古董收藏，而暹羅古城將泰國各府知名景點集中呈現，這座戶外博物館以教育為目的，傳承泰國文化工藝與風俗民情，期許泰國人與外國遊客都能對泰國有所瞭解與認識。這兩處景點同為泰國華裔富商林國華先生為了傳承泰國文化的成果，且坐落著重自然環境與特色建築的優美景點。位於這兩大景點之間的「機器人咖啡館」，也推薦順道探訪，最後以北欖府最大商場「Mega Bangna 購物中心」劃下句點，為曼谷近郊一日遊之經典路線。

Route 08 行程計畫

北欖府悠閒一日，穿泰服遊暹羅古城。

10:00~11:30
Start

[1] 三頭象神博物館

🚆 搭接駁車＋空鐵約30分鐘

12:00~13:30

[2] 機器人咖啡館

🚶 🚐 步行＋搭雙條車約15分鐘

13:45~17:30

[3] 暹羅古城

🚗 搭計程車約30分鐘

18:00~21:00

Goal

[4] Mega Bangna 購物中心

一日花費		
交通未計 幣值泰銖 含稅	三頭象神博物館＋暹羅古城套票	500
	暹羅古城泰服租借	600
	暹羅古城導覽車或自行車租借	50
	機器人咖啡館午餐	200
	晚餐預估	300
	Total	1,650

交通對策

　　前往曼谷近郊北欖府，可搭空鐵淺綠色Sukhumvit Line，抵達Chang Erawan站，轉搭專屬雙向接駁嘟嘟車前往三頭象神博物館。第二站機器人咖啡館，則是位於空鐵Kheha站旁；午餐後前往暹羅古城，在Kheha站旁搭紅色36號雙條車(8銖)或計程車(跳表計費)＊。最後往Mega　Bangna購物中心，直接由暹羅古城搭計程車前往購物中心，最為省時便利，或在古城入口對向車道同樣搭36號雙條車回空鐵站，由Kheha站至Udom　Suk站，在5號出口7-11便利超商門口，搭乘直達購物中心的免費雙向接駁車，原則上每20分鐘一班車，需視交通狀況而定。

＊若是週末與假日，則每日有兩班免費接駁車往暹羅古城。去程09:30、14:30，由Kheha站3號出口前方Km. 30 Community Police Station出發；回程12:30、17:30，由暹羅古城返回Kheha站。

往 **席那卡林火車市集**

Mega Bangna 購物中心 4

Nittaya Kai Yang
MEGA HarborLand

Bang Na-Chon Buri Expy

往 ⇨

尚泰奧特萊斯購物村
Central Village

King Kaeo Rd.

Sukhumvit 107 Rd. (Bearing)

Srinagarindra Rd.

E15 **三榮站**
Samrong

E16 **普照站**
Pu Chao

1 **三頭象神博物館**

E17 **象神站**
Chang Erawan

Thepharak Rd.

E18 **泰國皇家海軍學校站**
Royal Thai Naval Academy

Motorway 9

E19 **水門站**
Pak Nam

E20 **席那卡林站**
Srinagarindra

E21 **普列薩站**
Phraek Sa

E22 **賽羅站**
Sai Luat

Phraeksa Rd.

E23 **凱哈站**
Kheha

2 **機器人咖啡館**

Sukhumvit Rd.

暹羅古城 3

∧ 空鐵Kheha站周邊有許多排班計程車及雙條車

∧ Kheha站3號出口搭乘36號雙條車前往暹羅古城

∧ 週末、假日往暹羅古城的免費接駁集合地點

N

10:00 ～11:30

「人間」的穹頂景象。

① 泰國首座立體雕塑博物館

三頭象神博物館

Erawan Museum

1.隨處可見班家隆藝術裝飾 / **2**.三頭象神博物館外觀 / **3**.粉紅色系神象博物館一角

http erawanmuseum.com f ErawanMuseumSamutprakan ⓘ erawan.museum ☎ 02-371-3135，02-371-3136 ⓒ 每日09:00～18:00(售票結束時間17:00) ⓢ 成人400銖，6～14歲兒童200銖 ➊ BTS Chang Erawan站1號出口步行15分鐘，或2號出口前方Non-formal Education Center搭乘免費接駁車，接駁時間去程09:00～16:00，回程09:00～18:30，每30分鐘一班車 ⓬ 1.線上預購暹羅古城聯票價格優惠。2.免費租借語音導覽(需押證件)，免費租借沙龍，週一～六整點有導覽服務。3.禁止無袖上衣、短裙或短褲 MAP P.125

三頭象神博物館以醒目的巨型三頭象為其特色，是北欖府著名地標及神聖的旅遊景點，神象塑像建造工序繁複，並覆蓋各種尺寸的銅片，總高度達14層樓，非常神聖壯觀。

內部空間共有三層，分別是地下、人間與天堂。地下及人間位於建築基座，而天堂則位於象神的肚子，地下層展示創辦人泰國華裔富商林國華先生的私人珍藏，難得一見，值得探訪；人間層有種類廣泛的古董及藝術品，展現泰國文化藝術，天堂層則是存放古老佛像及德國藝術家畫作，內容講述佛教宇宙故事。

漫步在花園環繞的博物館，用漂浮的蓮花敬拜三頭象神，沉浸在安詳和諧的氛圍。這裡結合了優美的自然環境與歎為觀止的藝術創作，包含歷史、文化、宗教及藝術，呈現豐富的泰國文化遺產，與鄰近的暹羅古城和芭堤雅的真理寺，同為林國華先生創建的藝術文化園區。

12:00 ~ 13:30

館內收藏眾多。

2 超級英雄迷不可錯過
機器人咖啡館
Robot Dessert Cafe Thailand

🌐www.facebook.com/Robotdessertcafe ☎092-420-0020 🕐週五～日10:30～19:00 ❌週一～四 💲每人50銖，可抵館內消費，100公分以下兒童免費 ➡BTS Kheha站3號出口向後走，前方左轉過橋，在第一個巷子右轉，位於右側白色建築 ⓘ入場須穿襪子，現場購買每雙20銖 🗺P.125

　　機器人咖啡館距離空鐵Kheha站約3分鐘步行路程，從空鐵站就能看見一棟白色建築，戶外天空步道佇立大型超級英雄，外觀非常醒目。咖啡館周邊環境自然純樸，遠離城市喧囂，且鄰近知名景點暹羅古城和三頭象博物館，適合安排爲途中休憩站。

　　咖啡館的入口是一間牙醫診所，千萬別懷疑，售票處就在裡面，進入診所左邊靠近電梯處，先購買入場券，再搭乘電梯往2樓餐廳。門票可抵用等值消費，餐點及飲料價格經濟實惠，館內儼然是座小型收藏館，也有不少相關

1.超級英雄大型塑像 / 2.與超級英雄一起體驗天空步道 / 3.主題商品販售部 / 4.咖啡館外觀醒目

拍照道具，整體來說相當物超所值。位於2樓的戶外天空步道，觀景絕佳，也是很棒的拍照地點！

無限佛教聖地由泰國僧王加持，手工打造金剛護法殿壯觀耀眼。

3 泰國全境名勝古蹟任你遊
暹羅古城
Muang Boran (The Ancient City)

muangboranmuseum.com muangborantheancient city muangboran_samutprakan 02-026-8800 每日09:00～19:00(最後入場時間18:00) 成人700銖，6～14歲兒童350銖，16:00後入場半價優惠 BTS Kheha站3號出口，轉搭雙條車或計程車 線上預購電子票半價優惠。聖佩奇寶殿(Sanphet Prasat)內部不可拍照攝影 P.125

1.羅漢殿為融合泰緬中建築藝術的水上佛寺 / 2.泰國傳統建造涼亭為公共活動及休憩場所 / 3.重現緬甸入侵摧毀的大城王朝皇宮「聖佩奇寶殿」壯觀景象

暹羅古城位於泰國北欖府，距離曼谷市中心約30公里。800萊的園區是泰國國土的縮小版，分為北部、東北部、中部和南部，建築包含泰國各府知名皇宮、佛寺、佛塔、紀念碑及泰式傳統建築，有多達121件地標，以分布於泰國國土的相對位置設置，請來歷史專家提供製作建議，並依照實際比例縮小建造(部分甚至是實際大小)，景致壯觀，占地寬廣，是一座大型戶外博物館，目前仍持續擴建且舉辦各類佛教及藝術活動，目的在發揚泰國的建築藝術、傳統文化及歷史價值。

創辦人林國華先生鍾情於收藏藝術品及保存歷史遺產，因此向泰皇申請復刻大城王朝皇宮遺址，園區起建於1963年，由拉瑪九世皇協同英國女王伊麗莎白二世參與開幕剪綵，1972年正式開幕至今，以文化傳承及教育推廣為目的，除了重現知名地標，更保存泰國傳統風俗，堪稱世界最大露天博物館。想一日暢遊泰國全境名勝古蹟，穿越4個朝代800多年歷史，唯有造訪暹羅古城。

｜參｜觀｜訣｜竅｜

暹羅古城占地廣大，建築物件眾多，若想細細品味，了解歷史典故與來龍去脈，安排一日遊恐怕不夠。時間有限時，記得善用園區提供的設施，可初步了解泰國的傳統文化及風俗民情，此外也別錯過穿泰服及帝王餐體驗！

Check 1 善用園區交通與導覽工具

門票包含搭乘遊園車或租借單車，考量天氣炎熱，上午參觀建議選擇園區導覽車，下午16:00之後可像當地居民一樣騎乘單車運動。遊園車全程2小時，停留3個定點，其中包含必訪的大城王朝皇宮遺址，與無限佛教聖地金剛護法殿。遊園車時段為10:00～12:00、13:00～15:00、15:00～17:00、17:00～19:00，可搭配帝王餐時間11:00～14:00、17:00～20:00。

若喜歡隨性參觀，可出示國際駕照租借高爾夫球車，第一小時350銖，第二小時開始每小時200銖。參觀時可搭配園區提供的免費語音導覽，有泰、英、中、韓及俄文等，租借語音導覽需押證件，或是加入景點微信號，即能取代導覽機。

1.騎乘單車遊古城是當地居民喜愛的休閒活動 / 2.炎熱的天氣適合參加遊園車導覽 / 3.可租借高爾夫球車

Check 2 穿泰服遊古城

參觀古城之前，可在泰服出租店挑選喜歡的服飾，猶如泰劇《天生一對》演員在古城的水上市場取景拍攝，換上泰服體驗舊時光氛圍，感受泰國傳統建築工藝之美，壯觀的特色建築及優美的花園涼亭，拍照景點俯拾即是。服裝租借費用整日600銖，店家營業時間為09:00～18:30，需在18:00前歸還服飾。

∧ 泰服出租店有不少服裝款式

Check 3 泰御膳蘭納帝王餐

園區的主要餐廳提供泰式料理套餐附加自助餐，除了一份主餐之外，可自取水上市場特色美食、甜點及水果，還可動手做泰式青木瓜沙拉，都是無限量供應。用餐環境舒適，同時欣賞泰式舞蹈及泰拳表演，漫步在水上市場，氣氛格外悠閒。

1.主餐分量不少 / 2.餐廳裝潢雅緻，用餐環境舒適 / 3.體驗動手做泰式青木瓜沙拉

4 泰國北攬府最大複合購物中心

Mega Bangna

http mega-bangna.com f megabangnashoppingcenter ⓖ megabangna_th ☎ 02-105-1000 ⓒ 每日10:00～22:00 Ⓢ BTS Udom Suk站5號出口，前方有計程車招呼站，或是後方7-11超商前等候免費接駁車(營運時間08:00～22:40，每20分鐘一班車) MAP P.125

Mega Bangna為曼谷近郊大型複合購物中心，購物空間舒適，時尚品牌匯集，知名餐飲林立，並結合泰國首座IKEA家居百貨、

∧ 購物空間寬敞舒適，添加綠化概念及親子設施

Central百貨、Big C賣場、Harbor Land親子育樂城，是親子休閒的好去處，也由於鄰近曼谷蘇汪納蓬國際機場，成為不少遊客離境前或入境後的購物休憩站。為方便遊客購物，商場多處提供行李寄存服務，可於服務台洽詢相關資訊，以及索取遊客專屬優惠。

必吃！平價道地泰國東北料理

Nittaya Kai Yang

http nittayakaiyang.com f nittayakaiyangofficial ⓖ nittaya_kai_yang ✉ MEGA Foodwalk Zone (Orange Zone)2樓 ☎ 02-024-9553 ⓒ 每日10:00～21:00 Ⓢ 100銖起

以經營泰國東北料理起家，原本只是一間名不見經傳的小店，受到泰國知名美食家推薦，逐漸成為人氣餐廳。店家用心經營，堅持食材新鮮、口味道地、價格平實，分店很多但地點多半偏離觀光區，其中以Samyan Mitrtown和101 True Digital Park可搭乘空、地鐵抵達較為便利。除了主打東北料理，也融入在地特色料理，其中招牌烤雞和青木瓜沙拉是必點美食，其他料理亦是風味極佳，深受當地人喜愛，是遊客泰國料理的最佳選擇！

∧ 美味烤雞

∧ 青木瓜沙拉

泰國最大兒童室內遊樂連鎖

MEGA HarborLand

http harborlandgroup.com f harborlandplayground ⓖ harborlandgroup ✉ Mega Smart Kids Zone ☎ 065-848-1000 ⓒ 每日09:00～20:00 Ⓢ 每小時100～200銖 ⓘ 入場規定穿著底部防滑襪，可現場購買

HarborLand是泰國規模最大室內遊樂場，提供13歲以下兒童高品質且創新的育樂空間，著重環境衛生、設施安全且好玩有趣，首先進駐Pattaya，各分館設計布置不同，分布在各大百貨商場。MEGA Bangna分館占地8,000平方米，包含8個主題遊樂區，入場票價合理，提供兒童照護服務，另有超值全區套票，也可舉辦私人派對，是一處親子同樂的好地方，也是泰國親子旅遊熱門景點之一。

∧ 寬敞舒適親子休息區

∧ 各分館有不同主題童趣設計空間

1.購物村以泰式傳統建築為主要設計概念 / 2.購物村隨處可見泰國特色裝置藝術 / 3.公共食堂同樣是泰式風格

泰國首座國際名品暢貨中心

尚泰奧特萊斯購物村

Central Village

🌐centralvillagebangkok.com 📘CENTRALVILLAGE-fanpage 📷centralvillagebangkok ☎02-550-6555 🕐每日10:00～22:00 🚌BTS Udom Suk站1、3、5號出口乘計程車，或由尚泰世界購物中心搭乘單趟100銖接駁車(接駁時間表可參考官網) ❓服務中心可索取免費Wi-Fi、遊客專屬優惠及滿額禮 🗺P.125

尚泰奧特萊斯購物村為泰國首座國際名品暢貨中心，地點位於曼谷蘇汪納蓬國際機場周邊，從機場出發僅需10分鐘車程，距離曼谷市中心則約40分鐘車程。購物村以泰國傳統風情的建築設計，搭配新穎、時尚的裝置藝術，占地100萊，品牌眾多，除了國際名品，也包含成功打入國際市場的本土品牌金湯普森、觀光客最愛NARAYA，以及人氣設計商品Eleph。店鋪約130間，包含流行服飾、運動用品、珠寶飾品、生活家電、彩妝保養及兒童玩具等，提供3～65折特價優惠。也少不了知名連鎖餐飲，讓遊客能享受泰國地道餐點及國際美食。

懷舊古董複合市集

席那卡林火車市集

Talad Rod Fai Srinakarin

📘taradrodfi 📷trainnightmarket_srinakarin ☎081-827-5885 🕐週四～日17:00～01:00 🚇MRT黃線Suan Luang Rama IX站1號出口，或BTS Udom Suk站轉搭計程車(車資80～100銖)，或在Udom Suk(Sukhumvit soi 103)巷口市場旁搭乘紅色雙條車至Seacon Square，旁邊就是 🗺P.125

1.火紅的藤編商品樣式選擇多 / 2.獨具特色復古商店、咖啡館 / 3.老舊火車、直升機和古董車是市集最具特色的裝置藝術

席那卡林火車市集坐落在曼谷市郊知名商場Seacon Square後方，原址位於假日市場周邊廢棄鐵道，因此而得名，搬遷至新址後，不僅保留原有特色，腹地也更加寬廣，為泰國首座懷舊復古風格的大型戶外市集。

在這裡可以看到老舊火車、古董車及飛行器等大型裝置藝術，懷舊風格個性商店、咖啡館和酒吧，特色餐廳及小吃攤販。商家眾多，以當地居民為主要消費族群，除了可以找尋平價生活用品及流行小物，最特別的是復古風格家飾及各種二手商品，價格平實又極具特色，對於喜歡古董的朋友，絕對是挖寶的好地方！而價格經濟實惠的美味食肆，從傳統小吃、各式海鮮，到新奇美食，滿足大眾需求，感受不同於以往的在地夜市風貌與悠閒氛圍。

家庭日！前進動物園與浪漫主題餐廳。

賽佛瑞野生動物園、巧克力小鎮

safari world,
chocolate ville

曼谷最大動物園「賽佛瑞野生動物園」是親子自由行不可錯過的觀光景點。園區規畫了無柵欄開放式野生動物區，以及多項精采表演節目，由於範圍廣大，會花費較多時間參觀，建議 09:30 即可入場。結束賽佛瑞的行程，在傍晚日落前抵達同樣位於市郊的「巧克力小鎮」，這裡不是巧克力工廠，而是適合拍照取景及享用晚餐的主題餐廳，有許多大型造景及浪漫布置，餐點也物超所值，為歡樂親子時光的最佳行程代表。

交通對策

　　賽佛瑞野生動物園及巧克力小鎮地點都偏離市區，距離BTS或MRT也有一段距離，建議直接搭乘計程車或預約包車前往。

　　包車：曼谷地區一日10小時包車費用約3,500銖，依車款及包含項目而有不同定價。包車的優點是不擔心司機喊價，還可以搭乘私人車輛進入野生園區遊覽。

　　計程車：倘若預計搭乘計程車往返，建議手機下載Grab車輛媒合系統，降低司機喊價的機率。特別提醒，由於觀光景點會提供司機銷售門票的佣金，搭車前往觀光景點，必須事先與司機確認門票價格，或是告知司機已預購電子票券，避免認知差異造成誤會。

賽佛瑞野生動物園

巧克力小鎮

N

1.不可攜帶食品及飲料。
2.抵達後先往野生動物區觀賞老虎餵食秀(須在09:30前入園)，接著往海洋樂園餵食長頸鹿，再依當日時刻表選擇喜歡的動物秀。

賽佛瑞野生動物園
Safari World

🌐safariworld.com 📘safariworld.bangkok 📷safari_world 📞02-518-1000 🕐週二～五09:00～17:00(野生動物區至16:30)，週末09:00～17:30(野生動物區至17:00) 💲1.野生動物園套票(含自助午餐)：1,800銖。2.野生動物區＋海洋樂園門票：成人1,500銖，兒童1,400銖(2～12歲且身高不超過140公分)，未滿2歲或身高未達100公分免費。3.野生動物園區專車每人45銖。4.線上預購電子票享半價優惠 🗺️P.133

曼谷賽佛瑞是泰國最具規模的動物園，由曼谷市區出發約40分鐘車程。園區主要分為野生動物區和海洋樂園。在野生動物區，遊客可搭乘遊園專車或自駕入園，體驗探索非洲草原般的樂趣，近距離接觸長頸鹿、斑馬、羊群、犀牛、鴕鳥與飛禽，以及觀賞緊張刺激的老虎餵食秀，感受草原動物群聚的壯觀景象。

而在海洋樂園，除了動物園基本配備，更有多項精采表演節目，如逗趣的人猿秀、可愛的海獅表演、西部牛仔特技表演、大象表演、優雅的海豚秀、驚險刺激的諜探戰爭及飛禽秀，可按照當日園區公告場次依序前往觀賞。此外，餵食長頸鹿是造訪動物園的另一項重要活動，上百隻長頸鹿的壯觀景象，絕對是難得的體驗。

賽佛瑞野生動物園表演場次

餵食老虎／獅子	10:30～15:30
人猿表演	10:15
海獅表演	平日14:15／假日10:15、14:15
西部牛仔表演	15:15
大象表演	11:00
海豚表演	平日13:30／假日13:30、16:15
諜探戰爭	11:45
飛禽表演	平日16:15／假日11:45、16:15

建議參觀順序

09:30 野生動物區

10:15 人猿表演

11:00 餵食長頸鹿

11:45 諜探戰爭

12:30 園區午餐

13:30 海豚表演

14:15 海獅表演

15:15 西部牛仔表演

16:15 飛禽表演

1.野生動物園入口 / 2.服務台換票後可先前往野生園區觀賞老虎餵食秀 / 3.進入海洋樂園首先確認表演場次及前往路線 / 4.海洋樂園可欣賞眾多禽鳥與鹿群 / 5.歡樂逗趣的人猿秀，現場笑聲不斷 / 6.諜探戰爭有不少爆破驚險畫面

河流冒險之旅及參訪動物孵化教育中心等，同樣是園區熱門活動。動物園全程參觀時間約6小時，很適合一日遊的親子時光，在看表演的同時，也別忘了讓孩子知道，唯有人與動物和諧共存才是真正的美好世界。

| 推 | 薦 | 行 | 程 |

Check 1 　　遊野生動物區

13

可搭乘園區專車或是包車，探索野生動物區，感受非洲草原景象。遊覽區域全程5公里，參觀時間約30分鐘，體驗近距離觀賞斑馬、鴕鳥、駱駝、犀牛、長頸鹿、羊群、黑熊、獅子、老虎與飛禽。包車的好處是可以短暫停留，有機會近距離接觸野生動物，以及拍照捕捉其俏皮的模樣。

14

15

16

17

>驅車前進的同時，
　溫馴的斑馬會緩緩靠近

18

19

20

21

22

23

∧ 包車可以近距離接觸野生動物，是很棒的體驗

00

老虎餵食秀

倘若包車入園，或是搭乘園區專車，則有機會觀賞遊客在鐵籠車中餵食老虎、驚險刺激的畫面。老虎餵食活動每日多場，親自體驗每人費用1,200泰銖。此外，欣賞成群的長頸鹿也是參觀重點，不過鹿群通常都忙著與看台上的遊客互動。

>在樹下休息的獅子

∧ 馴養員在鐵籠車中表演老虎餵食秀

餵食長頸鹿

長頸鹿餵食區位於海洋樂園，並非在野生動物區。考量長頸鹿身高，餵食區特別設計成觀景看台，可以和長頸鹿直接面對面；現場販售適合的食材，費用100銖。遼闊的草原，和諧的景象，壯觀的鹿群，唯一缺點是常擠滿遊客，是親子共遊最難忘的景點。

>長頸鹿俏皮可愛的模樣

∧ 園區近百隻長頸鹿，景象療癒

海獅表演

海獅表演受到大小朋友的喜愛，以情境演出與特技表演呈現海獅可愛靈活的一面，特別是海獅與訓養員的逗趣互動，更是讓觀眾笑聲連連，在表演結束後，可與海獅拍照留影，雖然有股魚腥味，依舊魅力不減，熱情的海獅還有獻吻橋段，別忘了打賞小費！

>訓養員與海獅互動演出

∧ 海獅表演是熱門項目之一

海豚表演

賽佛瑞的海豚表演精采可期，主持人與訓養員以歡樂逗趣的劇場模式，順應海豚的自然習性，並穿插特技演出，更安排與訓養員共游及與遊客互動的橋段。每到假日下午兩場演出，皆座無虛席，建議開始前半小時抵達現場，才有機會選擇視野較佳的座位區。

>訓養員與海豚互動演出

∧ 精采的海豚表演，場場滿座，氣氛歡樂

1. 訂位17:00可同時欣賞日景與夜景。
2. 週末Khon劇表演時間為18:30、19:30。

Route
09

巧克力小鎮
Chocolate Ville

 chocolateville chocolateville 065-518-8781
平日15:00～00:00 / 假日14:00～00:00 入場費100銖
可抵消費 P.133

巧克力小鎮是曼谷近郊大型主題餐廳，結合維多利雅風格建築造景，與精心設計布置場景，營造如同迪士尼樂園大街般的歡樂氣氛；船屋、運河、燈塔及圓頂花園，則讓人彷彿置身歐洲小鎮。除了適合外拍，成為婚紗攝影熱門場景，浪漫的用餐氛圍，也經常是求婚成功地點。

這裡的餐點由知名連鎖餐廳「Wine I Love You」團隊操刀，菜單設計豐富多元，美味可口又物有所值，是擁有眾多忠實粉絲的主要要素，更是旅遊曼谷的遊客指定必訪打卡餐廳，加上同時也是親子友善餐廳，週末、假日經常推出特別活動，並且不斷求新求變，也因此知名度居高不下。

1.迪士尼美國大街風格入口，猶如進入夢幻國度 / 2.登上燈塔俯瞰園區美景 / 3.船屋造景及用餐區，布置非常用心 / 4.以燈塔為中心，製造雪景，相當有氣氛 / 5.週末、假日提供泰式傳統表演節目 / 6.園區內提供不少娛樂活動 / 7.餐點美味，物有所值

漫遊寧靜優雅杜喜皇宮區

杜喜
dusit

★★★

曼谷杜喜區為泰國皇室居住地及政府機關所在地，道路寬敞，環境清幽，少了熙來攘往的觀光人潮，可以輕鬆享受片刻寧靜與悠閒。你能在這裡欣賞華麗優雅的「雲石寺」及歐風建築的皇室古宅「皇家警察博物館」，到「皇家農產專賣店 Golden Place」品嘗傳統食肆並採買在地商品，而後前往「花卉文化博物館」觀賞獨一無二的花卉藝術，傍晚來到遠離觀光區的昭披耶河畔，體驗平價泰菜海鮮「Steve Cafe & Cuisine」的美味家傳料理，襯著夕陽餘暉與寧靜河景，沉浸在八世皇橋璀璨夜色，假如意猶未盡，還可前往南北雜貨豐富多元的「考山路夜市」酒吧街，感受背包客天堂的魅力！

漫遊寧靜優雅杜喜皇宮區。

09:30 ～ 11:30 *Start*

1 雲石寺

🚶 步行約5分鐘

14:50 ～ 17:00

4 花卉文化博物館

🚕 搭計程車約15分鐘

11:35 ～ 12:40

2 皇家警察博物館

🚶 步行約20分鐘

17:15 ～ 19:15

5 Steve Café & Cuisine

🚕 搭車約10分鐘

13:00 ～ 14:45

3 皇家農產專賣店 Golden Place

🚕 搭計程車約5分鐘

19:25 ～ 21:00

Goal 6 考山路夜市

🚃 交通對策

曼谷杜喜區位於老城區北邊,是當地行政及
住宅區,少見外國遊客,以本地居民為主,前
往該區,可搭乘空鐵至Phaya Thai站,再轉搭
計程車前往(車資約80銖),或搭乘地鐵至Sam
Yot站3號出口,轉乘MuvMi嘟嘟車。抵達該
區,可步行前往各景點,或使用Grab車輛媒合
系統乘車前往。

一日花費		
	雲石寺門票	50
	皇家農產店午餐預估	100
交通未計	花卉文化博物館導覽	150
幣值泰銖	花卉文化博物館茶點預估	300
含稅	河畔餐廳晚餐預估	400
	Total	1,000

N

往 **MRT Bang Phlat 站**

4 花卉文化博物館

Samsen Rd.

Amnuay Songkhram Rd.

Route 10

Nakhon Chaisi Rd.

Phichai Rd.

Ratchawithi Rd.

Sukhothai Rd.

● Kritsana 魚丸麵

3 皇家農產專賣店

Rama V Rd.

河畔耶照

Nakhon Ratchasima Rd.

Ratchawithi Rd.

5 Steve Café & Cuisine

● 皇家廣場-阿南達宮

N15
Thewet Pier

BTS Victory Monument 站

Si Ayutthaya Rd.

● 皇家廣場-拉瑪五世騎馬銅像

Krung Kasem Rd.

Phitsanulok Rd.

2 皇家警察博物館

往 6 考山路夜市

1 雲石寺

BTS Phaya Thai 站

09:30 ～ 11:30

Start

雲石寺正殿華麗優美，
大理石石獅工藝精緻。

豆知識

素可泰時期風格佛像

14世紀後期，素可泰佛像盛行，佛光為火焰狀，佛面呈鵝蛋型，左肩袈裟垂至臍部且末端呈鋸齒狀，手作觸地印且四指齊平，整體線條流暢優雅，其中，行走佛為素可泰藝術的極致表現。

---

1 泰銖5元硬幣圖騰

雲石寺
Wat Benchamabophit

🅕 watbencham 📞 02-282-7413 🕐 每日06:00～18:00 💲 正殿參觀外國人50銖 🚇 BTS Phaya Thai站，轉乘計程車約10分鐘 ⓘ 1.參觀寺廟不可穿無袖或露背上衣，也禁止短褲、短裙或緊身褲。2.進入內殿需脫鞋並保持肅靜。3.女性注意不可碰觸僧侶 🗺 P.141

雲石寺於西元1899年由拉瑪五世授命修建，寺廟原名本意為「第五位國王的廟宇」，然而寺廟建築的石柱、石壁、石獅及地板階梯都採用義大利進口白色大理石打造，因此有「雲石寺」美名。

寺院正殿外觀以泰式風格階梯式琉璃瓦，搭配大理石梁柱，內部則是鍍金雕刻和紅色漆木展現華麗之美，融合歐風建築色彩，為當代潮流。正殿佛像為素可泰時期風格，仿效白泰

北彭世洛府瑪哈泰寺佛像「Phra Phuttha Chin-narat」，後方迴廊由52尊佛像環繞，皆為不同時期收藏或復刻品。寺院周邊小橋流水及花園亭閣造景，鬱鬱蔥蔥，景致優美。此外，雲石寺是泰銖5元硬幣上圖騰，可見其重要性。

1.運河襯托出雲石寺優美景致 / 2.正殿供奉素可泰時期風格佛像 / 3.正殿後方迴廊有52尊佛像，為不同時期的收藏或復刻品

11:35 ～ 12:40

遊玩鐵則

攜帶護照可免費借用中文語音導覽機。

② 泰國皇宮，歐式風格
皇家警察博物館
Police Museum Parusakawan Palace

http saranitet.police.go.th/museum ⓕ policemuseum.parusakawanpalace ⓘ police.museum_parusakawan ☎ 02-282-5057 ⏰ 週二～五10:00～16:00 休 週六～一、國定假日 ⑤ 免費 ➡ BTS Phaya Thai站，轉乘計程車約10分鐘 ⓘ 進入室內參觀需脫鞋 MAP P.141

　　警察博物館位於帕魯薩格旺宮（Parusakawan Palace），成立於西元1930年，原為倉庫和情報資料站，爾後在2013年正式命名並開放民眾參觀，展示關於泰國警察的歷史沿革及收藏，是非營利教育中心，為各級學校及相關機構提供資源服務。

　　位於帕魯薩格旺宮北面的吉拉達宮（Chitralada Villa），為義大利風格兩層樓別墅，由拉瑪五世授命建造，1906年至今已有百年歷史，由義大利建築師Mario Tamagno設計，以巴洛克和洛可風格為基礎，建築內、外部皆

1.吉拉達宮為義大利風格別墅 / **2.**皇宮會議室目前為參觀及活動用途 / **3.**警察制服的演變革新 / **4.**皇宮及警察博物館正門入口

融入西式藝術風格，顛覆泰國傳統建築樣貌。

　　這裡曾經是拉瑪六世和弟弟的居所，內部裝潢典雅華麗，即使已重新翻修，僅保留部分百年原件，仍可一睹當代皇家風采，是一處體驗優美皇宮與博物館的歷史景點。

其他推薦

皇家廣場 MAP P.141

　　位於警察博物館前方的皇家廣場中央，即是拉瑪五世騎馬銅像（Equestrian Statue of King Rama V），建造於1908年，為紀念其在位40週年，亦紀念他是當時在位最長時間的君主。拉瑪五世帶領泰國走向現代化，免於強權殖民侵略，並廢除了奴隸制度，極受人民愛戴，不少泰國居民會來此參拜。

　　銅像後方為歐洲風格的阿南達宮Ananta Samakhom Throne Hall，同樣由拉瑪五世授命建

1.拉瑪五世騎馬銅像 / **2.**歐風建築的泰國皇宮

造，於1915年完工，曾為國會大廈，現用於舉辦皇家典禮；亦曾展示皇家收藏，開放民眾參觀，目前則是不定期對外開放。皇家廣場有著歐洲建築的異國氛圍，常成為拍照、取景的地點。

涼季限定
皇家80號草莓

3 泰國國營農產零售

皇家農產專賣店
Golden Place

🌐goldenplace.co.th 📘goldenplace.official 📷golden
place.official 📞082-005-9219 🕐每日07:00～20:00
🚇BTS Phaya Thai站，轉乘計程車約10分鐘 🗺P.141

　　Golden Place為泰國皇家農產專賣店，由已故泰皇拉瑪九世蒲美蓬陛下授命成立，目的為改善泰北農民生活，以合理的價格向農民收購作物，同時以友善的價格銷售。除了生鮮食材，也有加工食品及高經濟商品，由皇家生產計畫推動，確保品質穩定及合乎國際檢測標準，並帶動經濟發展，是三贏策略。

　　Golden Place目前在曼谷已有多處據點，大皇宮旁也有分店，各店規模不一，營業時間各異，共通點是銷售皇家計畫產品。其中位在素可泰路(Sukhothai Rd.)的分店，附設庭園用餐空間，販售泰式餐盒、特色飲品、傳統甜點與

1.寬敞舒適的庭園用餐空間 / 2.遊客喜愛的Doi Kham系列商品 / 3.皇家蜂蜜 / 4.不可錯過少見的皇家鮮乳，也有小包裝

零食，以及生活用品。價格平實且著重衛生，種類豐富，是用餐及採購的好去處。

其他推薦

素可泰路美食

曼谷老字號手工魚丸

Kritsana魚丸麵

🌐kritsananoodle.com 📞02-241-0265 🕐週一～六07:00～15:00 休
週日 💲50銖起 🚇BTS Phaya Thai站，轉乘計程車約10分鐘 🗺P.141

　　Kritsana每日新鮮現做手工魚丸，強調使用真材實料魚肉，不加粉和添加物。除了可以在店內品嘗各種湯頭的美味魚丸，商家也提供外送到府及小型外燴服務，當然也可以直接訂購魚丸。身為曼谷知名4代相傳魚丸店，擁有許多忠實顧客，來到杜喜區，千萬不能錯過，尤其推薦釀豆腐湯頭魚丸麵(釀豆腐湯頭：Yen Ta Fo)。

1.酸辣湯魚丸麵 / 2.釀豆腐湯魚丸麵 / 3.Kritsana魚丸店僅此一家別無分號

遊玩鐵則
參加導覽行程及
體驗茶點沙龍。

花園是生動的展覽館。

4 泰國唯一花卉藝術博物館
花卉文化博物館
The Museum of Floral Culture

🌐floralmuseum.com 📘TheMuseumofFloralCulture
☎02-669-3633 🕐週二～日10:00～18:00 ❌週一及私
人包場時間不開放 💲解說導覽150銖 ➡BTS Phaya
Thai站，轉乘計程車約10分鐘 ❓參加導覽不可拍照攝
影 🗺P 141

花卉文化博物館由國際知名泰國藝術家
Sakul Intakul創立，地點位於杜喜住宅區巷弄
中，環境清幽，景致素雅。

博物館坐落在殖民風格的百年柚木古宅建
築中，園區占地約1萊。內部設置花卉裝置藝
術，提供泰、英語解說導覽與茶點沙龍，不定
期舉辦手作活動及主題派對。參加解說行程，
可飽覽來自印度、中國、日本、寮國及印尼峇
里島等地的花卉展品，件件設計獨特且工藝精
緻，其中像是泰北寺廟Wat Si Pho Chai用於宋
干節慶典的大型花架，更是難得一見，為保存

及發揚泰國文化不遺餘力。

花卉在泰國日常生活中扮演重要角色，常見
於各項節慶活動，因此，無論喜愛研究花卉藝
術，或是想要深度了解泰國文化，都推薦到此
一訪。

1.Cafe Botanica茶點沙龍，點心美味可口，花飾賞心悅目 / 2.手
工藝禮品區 / 3.藏身巷弄中的花卉文化博物館

遊玩鐵則
選擇室外座位用餐賞景。

藏身寺廟碼頭的隱密餐廳，沿著羊腸小道進入，有種柳暗花明之感。

⑤ 賞橋景河畔的泰式家常料理餐廳
Steve Café & Cuisine

🌐 stevecafeandcuisine.com ⓕ stevecafeandcuisine
ⓘ stevecafeandcuisine_dhevet ☎ 02-281-0915 🕐 每日10:00～22:00 💲餐點150銖起 ➡ BTS Phaya Thai 站轉乘計程車。或搭昭披耶河交通船在Thewet Pier下船，沿河道步行1分鐘，左轉過橋進入寺廟，往寺廟碼頭方向，位於左側 ⓘ 必通過寺廟，才能抵達餐廳入口
🗺 P.141

　　Steve Café & Cuisine位於昭披耶河畔，是店主經營4間餐廳中唯一坐擁河景的分店。60年歷史的泰式古宅，色彩繽紛的復古裝置藝術，恰巧與傳統家常料理相互呼應，在這裡可以享用現點現做泰式地道佳餚，食材講究、烹調美味、價格平實，且提供素食餐點。店家特別強調遵循古法，不加味精，呈現食材自然原味。

　　餐廳的另一項特色為供應現烤河蝦，不需遠赴大城府（Ayutthaya），也能品嘗物美價廉的

人氣料理。用餐空間可安排戶外或室內冷氣包廂，同時欣賞昭披耶河景致，尤其在入夜後，八世皇橋璀璨耀眼，更添浪漫氛圍。遠離城市喧囂，這裡會是不錯的選擇。

1.夜幕低垂之際，食客絡繹不絕 / 2.坐擁河畔橋景為餐廳特色之一 / 3.現烤河蝦料理，3尾河蝦將近1公斤，價格公道 / 4.家常料理口味都不錯

Goal 19:25 ～ 21:00

遊玩鐵則
留意自身財物，提防扒手。

週末與假日夜晚的考山路最為熱鬧。

[6] 背包客天堂
考山路夜市
Khao San Road Night Market

◎每日17:00～午夜 ▶搭乘計程車，或MRT Sam Yot站，轉搭計程車約10分鐘 ㎞P.141

　考山路為電影《海灘》（The Beach）的取景地之一，與普吉披披島（Phi Phi Islands）同樣聲名大噪且紅極一時。考山路除了有平價住宿，泰式小吃及特色商品亦不少，尤其到了夜晚，街道兩旁酒吧聚集，銷售低價混搭酒精飲品，人聲鼎沸伴隨流行樂曲，氣氛非常熱鬧，號稱背包客天堂，也是每年泰國潑水節的重點戰區。

　曼谷兩大機場——蘇汪納蓬及廊曼，都有機場巴士前往考山路。體驗泰國夜市文化之餘，街邊美食泰式炒河粉及香蕉煎餅也不要錯過，地道風味又便宜，或是嘗試驚嚇指數破表的炸蟲料理。此外，體驗辮子頭、平價按摩，以及選購旅遊行程（建議先上網查詢比價），這裡都能全部包辦，深受西方遊客喜愛。

1.泰式炒河粉為熱門街邊小吃，可搭配炸春卷 / 2.編辮子頭是這裡的熱門體驗項目 / 3.香蕉煎餅為考山路熱門甜點 / 4.泰國夜市常見炸蟲料理

華欣輕旅三日遊

從曼谷出發往西南方向，約莫 3 小時車程，即可抵達華欣 (Hua Hin)。華欣為泰國皇室避暑勝地，其由來已久：四世皇的「拷旺宮」，位於山之巔，風光明媚；六世皇的美麗閣夏宮，位於海之濱，景色怡人；九世皇的居住地避暑行宮，也在此地。

鐘乳石洞穴的天然美景，仰頭看見心型天空
#拷龍穴 #愛心

往拷旺宮出發
#拷旺宮 #纜車

火車站紅白相間建築為醒目地標
#華欣火車站

可愛綿羊
#華欣瑞士綿羊園

童趣風格裝置
#華欣瑞士綿羊園

皇宮建築結合泰式及歐式風格
#拷旺宮

兔子農場餵兔子是孩子喜愛的活動之一
#華欣瑞士綿羊園

泰國舊時期慣用的高腳建築風格
#美麗閣夏宮 #高腳屋

摩天輪是聖托里尼樂園的地標
#聖托里尼樂園 #摩天輪

很好打卡的一面牆
#聖托里尼樂園 #華欣小希臘

大片綠色田園好療癒
#華欣酒莊

玻璃屋海景咖啡館是人氣餐廳
#Sundance Lounge #Seenspace #華欣

華欣輕旅三日遊。

Day 1

1 拷旺宮

 搭車約10分鐘

2 拷龍穴

 搭車約50分鐘

3 華欣夜市／
Cicada文創市集

Day 2

1 華欣火車站

 搭車約30分鐘

2 華欣瑞士綿羊園

 搭車約20分鐘

3 美麗閣夏宮

 搭車約20分鐘

4 Sundance Dayclub

Day 3

1 希萊克費觀景點

 搭車約40分鐘

2 華欣酒莊

 搭車約50分鐘

3 聖托里尼樂園

交通對策

曼谷與華欣之間的交通方式目前以包車最為便利,雖然曼谷出發前往華欣可搭乘巴士、小巴及火車,但抵達當地之後,前往其他景點仍需搭乘計程車或包車,計程車以喊價為主,包車則有當地或曼谷車行,因此建議可從曼谷直接包車前往,沿途安排景點旅遊。

搭乘機場巴士

抵達曼谷蘇汪納蓬機場,前往機場大廳1樓Gate 7和Gate 8之間,預訂取票或直接購票前往華欣,等候期間可前往售票櫃檯旁美食街用餐休息,現場購票依當日售票情況而定,預約則可確認班次,然而需注意與航班時間的銜接問題。

🌐 www.airporthuahinbus.com

1.BKK機場1樓Gate 7和Gate 8之間的巴士售票櫃檯 / 2.Bell Travel巴士。 / 3.巴士售票櫃檯旁是機場美食街,餐點價格便宜,點餐前須購買儲值卡,未使用完可退還現金 / 4.以電子票券或實體票券換票後,服務人員提供確認貼紙、行李掛牌及乘車收據 / 5.巴士抵達華欣後,改以廂型車接送到各家飯店

包車

包車往華欣是最便利的交通方式,可安排二日遊或三日遊,享受海灘度假的愜意氛圍。包車還可以安排前往夜功府(Samut Songkhram)的丹嫩莎朵(Damnoen Saduak Floating Market)水上市場及安帕瓦水上市場(Amphawa Floating Market),或是佛統府(Nakhon Pathom)的海椰寺水上市場(Don Wai Floating Market)及特色咖啡館,增加旅程的豐富性。

目前曼谷前往華欣的包車價格一日約4,500銖起,含司機、車輛租賃、燃油、過路、停車、保險費用及司機小費,建議找合法登記的包車公司,讓旅遊更有保障。

TAT立案合法包車公司推薦:
I WALKER TRAVEL Co., Ltd. 🌐 iwalkertravel.com
🅕 TourBangkok 📷 iwalkertravel 🔍 可透過「愛玩客」臉書專頁預約包車、酒店住宿及景點門票

曼谷愛玩客-曼谷旅遊包車 BKK
Car Charter Tour

三日花費 交通未計 住宿未計 幣值泰銖 含稅		
拷旺宮門票(含纜車)		90
華欣瑞士綿羊園門票		150
美麗閣夏宮門票		30
華欣酒莊活動費預估		600
聖托里尼樂園門票		150
三日餐費預估		2,700
Total		3,720

Route Extra

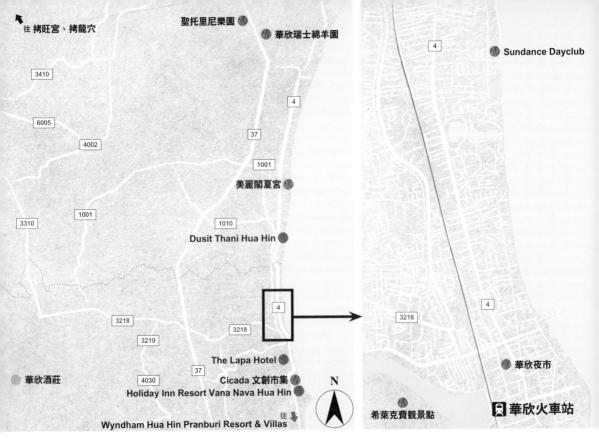

往 拷旺宮、拷龍穴

聖托里尼樂園 🌀
華欣瑞士綿羊園 🌀

3410

6005

4002

4

37

1001

美麗閣夏宮 🌀

3310

1001

1010

Dusit Thani Hua Hin 🌀

4

Sundance Dayclub

3218

3218

4

3218

3219

The Lapa Hotel 🌀

37

N

華欣夜市 🌀

華欣酒莊 🌀

4030

Cicada 文創市集 🌀

Holiday Inn Resort Vana Nava Hua Hin 🌀

往 ↓

希萊克費觀景點 🌀

🚉 華欣火車站

Wyndham Hua Hin Pranburi Resort & Villas

拉瑪四世夏日行宮

拷旺宮
Khao Wang Palace (Phra Nakhon Khiri)

🌐 virtualhistoricalpark.finearts.go.th/phranakhonkhiri
📞 032-425-600 🕐 每日08:30～16:30，博物館09:00
～16:00 💲 門票每人40銖，搭乘纜車來回成人50銖，兒
童15銖，90公分以下兒童免費 ⚠ 參觀庭園當心猴群搶
奪物品，避免攜帶塑膠袋及飲料。進入博物館需穿著合
宜並脫鞋，現場提供沙龍 🗺 P.152

1.皇宮建築結合泰式及歐式風格 / 2.登高眺望碧武里府(Phet-chaburi)城市美景 / 3.搭乘纜車是另一個參觀重點

拷旺宮建於泰皇拉瑪四世時期，為第一座建
造於山巔的皇宮，由於地勢高聳且景色優美，
四世皇譽為Phra Nakhon Khiri，也就是山中之
城的意思，為一座夏日行宮，搭乘纜車上下
山，可輕鬆欣賞沿途美景。

融合泰式、中式及歐洲建築風格，拷旺宮從
宮殿設計到庭園造景，都是值得探訪的歷史遺
跡。由三個部分組成，西側的皇宮、東側的皇

家寺廟群和中間的佛塔，參觀重點之一為登上
觀景台最高處，眺望佛塔與寺廟群，以及碧武
里府城市景觀，親身體驗山中之城的魔力！

碧武里府最美洞穴

拷龍穴

Tham Khao Luang (Khao Luang Cave)

🕐 每日08:00～16:00 💲10銖 ➡ 上山可步行，或搭雙條車每人來回15銖 ⚠ 當心猴群搶奪物品，避免手持塑膠袋或飲料 🗺 P.152

拷龍穴為碧武里府（Phetchaburi）最大、最美的鐘乳石洞穴，也是泰國重要佛教石窟，已有百年歷史，其最大特色為洞穴頂端自然形成的心型空洞，每當日光照射進入洞穴，在鐘乳石上幻化為迷人色彩，不同時段光照位置轉移，景象亦隨之變化，渾然天成的自然美景，令人讚歎，16:00前光照充足時前往景色尤佳。

洞穴內部供奉金身坐佛，由拉瑪五世授命建造，獻給四世皇及三世皇。此外，拷龍穴距離

1.拷龍穴在日光照射下的特殊景觀 / 2.鐘乳石洞穴的天然美景 / 3.洞穴中的金身臥佛

拷旺宮僅10分鐘車程，通常將兩處景點安排前後參觀，同時體驗佛教石窟與皇室行宮之美。

華欣代表市集

華欣夜市

Hua Hin Night Market

🕐 每日17:00～23:00 ⚠ 人潮擁擠，注意個人財物 🗺 P.152

華欣夜市位於市中心，距華欣火車站步行約10分鐘，是當地主要市集，白天周邊有傳統市場，夜晚則聚集眾多攤商，成為熱鬧的觀光夜市，通常晚餐是人潮匯聚之時。

這裡有許多泰式小吃及流行商品，其中又以龍蝦最受饕客喜愛，龍蝦依重量計算價格，客製化烹調，值得嘗鮮。夜市有不少平價的流行創意商品，雖然部分觀光商品價格偏高，亦不影響逛夜市的樂趣。眾多在地風味小吃，以及玲瑯滿目的新潮小物都等待你發掘。

1.華欣夜市聚集當地居民與遊客 / 2.夜市知名美食烤龍蝦及海鮮，晚餐時段人潮絡繹不絕 / 3.排隊美食可麗餅 / 4.夜市中也有平價按摩

週末文創市集
Cicada Market

http cicadamarket.com cicadamarket cicadamarket
099-669-7161 週五～日16:00～23:00 週一～四
MAP P.152

華欣Cicada週末市集以藝術創作為主要特色，不同於其他當地夜市，這裡有著寬廣的公園綠地，並不定期更換場地布置，尤其在重要節慶或舉辦大型活動時，都會出現應景且極具創意的裝置藝術。文創夜市除了美食攤商，也有許多創意商品及藝術創作品，喜歡特色小物的人記得放慢腳步遊逛。此外，現場樂團演唱或主題劇場也是Cicada的一大特色，增添這裡的文藝與悠閒氛圍。

1.Cicada文創市集，氣氛不錯 / 2.手工玩具木槍，做工精緻 / 3. 純手工手鍊手錶，可現場客製 / 4.有不少特色商品，適合挖寶

泰國最美百年火車站
華欣火車站
Hua Hin Train Station

032-511-073 每日24小時，火車圖書館週一～六 09:00～17:00 圖書館週日及國定假日休 MAP P.152

華欣火車站紅白相間柚木建築，色彩獨特鮮明，成為華欣最醒目地標。設計結合泰式及維多利亞風格，被譽為泰國最美火車站，尤其是主建築旁的皇家候車亭，每每成為拍照取景地點，又因鄰近海灘及夜市（步行約10分鐘），周邊亦有許多商店，可說是市中心的指標地。

若有興趣安排火車之旅，可從曼谷Hua Lamphong車站搭乘列車前來，即便車程耗時，不如巴士或包車便捷，卻是不同的體驗。火車站旁有一處設置在列車車廂內的另類圖書館，內部有圖書和座位，極具特色，也值得一訪。

1.火車站紅白相間建築，為華欣醒目地標 / 2.火車站候車室 / 3. 火車站售票處 / 4.圖書館就藏身在列車車廂中

華欣小瑞士
華欣瑞士綿羊園
Zucata Sheep Farm

ⓕZucata plus farm ☎032-473-973 ⓒ每日09:00～
18:00 ⓢ成人150銖，90～120公分兒童110銖，90公分
以下免費 ⓜP.152

　　Zucata Sheep Farm在大城和華欣都有據點，
而華欣牧場又有華欣小瑞士之稱，與小希臘聖
托里尼、摩洛哥駱駝樂園和威尼斯人商城，爲
華欣四大主題園區。

　　綿羊牧場引進瑞士奶山羊品種，除了有
讓遊客大飽眼福的表演秀（場次10:30、13:00
、14:30），也可以近距離餵食長頸鹿、駱駝、
羊群和兔子。牧場各區設置歐風裝置藝術及小
型3D互動美術館，每個角落都有亮點，並提供
各種育樂活動項目，適合全家大小同遊。

1.位於華欣的瑞士綿羊園 / 2.兔子農場餵兔子是孩子喜愛的活
動之一 / 3.餵食羊群是主要活動項目 / 4.園區內有咖啡館販售
簡單餐食

拉瑪六世海濱夏宮
美麗閣夏宮
Mrigadayavan Palace

ⓗwww.mrigadayavan.or.th ☎032-508-444 ⓒ週四
～二08:30～16:30。宮殿2樓參觀：週四～五09:00～
11:00，14:00～16:00 ⓧ週三 ⓢ成人30銖，10～15歲
學生15銖，9歲以下兒童免費。宮殿2樓參觀300銖 ⓘ參
觀皇宮不可穿著無袖或露背上衣，也禁止短褲、短裙或
緊身褲，現場提供沙龍租借，租金20銖 ⓜP.152

　　美麗閣夏宮爲拉瑪六世時期建造，採用泰
式傳統高腳屋設計，有通風、防蟲及便於防禦
的優勢。融合泰式及西式建築風格，雅致清幽
的宮殿，浪漫無敵的海景，華欣之所以成爲皇
室首選度假勝地，想必也與拉瑪六世息息相關
吧！皇家別館現已改爲國立博物館，除了讓遊
客參觀及感受舊時代宮廷的愜意生活，同時也
展示皇家文物與相關照片，並持續修復中，將
結合周邊自然生態，創建一座海濱植物園。禮

1.美麗閣夏宮結合綠地與海洋，環境非常優美 / 2.宮殿由長廊
相連通可直達海濱觀景涼亭 / 3.傳統高腳屋設計 / 4.禮品部也
值得參觀

品部銷售特製茶點及紀念品，尤其是獨特設計
的商品，僅限宮內販售，值得參考。

Sundance Dayclub

http sundanceth.com ⓕsundancedayclub ⓘsundance
dayclub ⓒ092-950-9699 ⓒ週日〜五12:00〜22:00，
週六12:00〜23:00 MAPP.152

　　Sundance Dayclub結合咖啡館、酒吧、餐
廳、商店，提供遊客享受美食、美景與舒壓放
鬆的空間，傍晚時分氣氛尤佳。

　　整體建築規畫以曼谷Seenspace為藍本，簡
約時尚，無敵海景加持，環境更加舒適。最特
別的是，在用餐座位區設置無邊際泳池，比一
般海景餐廳有噱頭，餐點選項也很多元，彷彿
在星級酒店私人海灘度假的景象，只要一般消
費就能享受。每逢週末假日，樂團演唱或小型
市集吸引居民聚集；商城中亦有時尚的住宿空
間，帶給遊客更輕鬆自在的華欣度假體驗。

1.Seenspace一貫極簡低調設計 / 2.無邊際泳池海景餐廳是適
合親子的休閒場所 / 3.商城中有不少個性商店和特色餐廳 / 4.
Sundance Lounge玻璃屋咖啡館

希萊克費觀景點

Khao Hin Lek Fai View Point

ⓒ每日06:00〜20:00 MAPP.152

1.在觀景點眺望華欣城市
美景 / 2.觀景區是一座占地
不小的公園，景色優美，環
境清幽

　　希萊克費Khao Hin Lek Fai又稱Flintstone
Hill，是華欣知名觀景台，距離市中心僅3公里
路程，有6處登山觀景點，可眺望城市全景、
海灣及無限海景，北至七岩（Cha-am），南至筷
子山（Khao Takiap），都映入眼簾，其中以佇立
華欣紅白相間特色地標為拍照熱點。

　　園區是座占地不小的公園，景色優美，環境
清幽，有許多自然生態，早午晚都適合前往，
觀賞日出、日落及夕陽餘暉，景致變化萬千。
需特別注意，觀景點位於山區，避免攜帶塑膠
袋和食物，也不要餵食猴群，以免搶食受傷。

豆知識

　　從七岩到華欣沿海地區，聚集眾多度假酒店，
連鎖星級飯店、特色Villa或民宿，選擇非常多。
這裡也有不少特色餐廳，可以欣賞海景、享受美
食及悠閒氛圍，比起觀光氣息濃厚的芭達雅，華
欣會是濱海度假更好的選擇！

泰國三大酒莊之一
Monsoon Valley Vineyard

http monsoonvalley.com f monsoonvalley ig monsoon
valley_vineyard ☎081-701-0222 🕐每日09:00～20:00
(4～10月營業至18:30) 💲100銖起 ⓘ建議預訂用餐座位
及導覽活動

華欣不僅是海灘度假勝地，在內陸山區也有
幾處景點值得探訪，其中尤以Monsoon酒莊最
具知名度，遊客也非常多。酒莊自產自釀多款
平價葡萄酒，並研發以葡萄入菜的精緻料理，
在酒莊的Sala景觀餐廳享用各式美味料理，並
搭配適合的餐酒，真是人生一大享受！

另有多項自費行程及活動，如葡萄園導覽、
品酒套裝行程、在大象保護區體驗田園風光，
或是手作課程，當然也可以慢步在葡萄園中，
感受身處自然田野的氣息，不必遠赴歐洲，在
泰國也能感受置身法國酒莊的浪漫氛圍！

1.酒莊曾經是大象學校，與大象同樂成為特別活動 / 2.相關商
品中以葡萄酒和葡萄汁最值得入手 / 3.Sala景觀餐廳提供美
食、美酒及美景 / 4.葡萄品種非常多，可參加導覽行程以便了
解更多

水陸樂園一次玩夠
聖托里尼樂園
Santorini Park Cha-Am

f huahinsantorinipark ☎082-229-4464 🕐週一～五
09:30～18:30，週末09:00～18:30 💲150銖，身高100
公分以下兒童免費 🗺P.152

聖托里尼樂園素有小希臘之稱，呈現地中海
風情，與華欣海景相呼應，強調海島度假的慵
懶氛圍，結合水陸雙樂園及主題酒店，是一座
複合型度假村。陸上樂園包含購物商城及遊樂
場，商家有名店Naraya曼谷包等個性商店，遊
樂場則有多項付費親子育樂設施；水上樂園擁
有豐富多樣化的戲水設施，門票便宜，住宿房
客另有優惠。主題酒店走希臘風，兩層樓白牆
石屋與藍色窗台，包含兒童遊戲室、飲料吧及
早餐屋，並提供免費接駁華欣市區服務。

1.水上樂園硬體設備齊全，門票便宜，住宿房客另有優惠 / 2.
旋轉木馬為主題樂園浪漫設施，夜晚點燈更加迷人 / 3.客房
是藍色海洋主題 / 4.酒店早餐選擇多，並搭配簡單自助吧

H otels

曼谷華欣住宿情報

曼谷交通壅塞，加上景點多集中空鐵站周邊，建議以鄰近空鐵或地鐵站的酒店為佳。

鄰近昭披耶河碼頭的酒店也是曼谷住宿上選，河岸風光明媚，交通船往來頻繁，名勝古蹟林立，還可由河岸延伸至舊城區及商業中心。建議避免巷弄中住宿，增加安全與便利性。此外，曼谷在雨季期間，特別是9、10月，房價普遍偏低，有機會訂到超值住宿；11月～翌年初，房價則會上升，提前預訂為佳。

華欣地區酒店，可選擇海景且附帶私人沙灘的星級住宿，相較曼谷同級酒店，氣氛更是悠閒愜意，性價比也是極高，為泰國旅遊不可錯過皇室避暑勝地。

1 Maduzi Hotel

低調奢華，周遭機能優越

馬度茲酒店為SLH（Small Luxury Hotels）會員之一，是家風格獨特的精品酒店，時尚低調。外圍有保全駐守，安全性高；服務人員親切貼心，退房及早餐時間彈性，24小時吧台供應免費飲品。客房寬敞，包含免費迷你吧，備品質感優。位於空、地鐵交匯站BTS Asok，交通便利，步行3分鐘抵達Terminal 21 Asok，滿足享受美食、購物及美容按摩的需求。

$ 3,000銖起
▶ BTS Asok / MRT Sukhumvit站

1. 內部設計融入泰式風格 / **2.** 用餐空間，早餐有單點及自助吧 / **3.** 低調外觀

2 Millennium Hilton Bangkok

昭披耶河沿岸高CP值五星酒店

希爾頓千禧酒店設施完善，天台酒吧景色迷人。位於曼谷最大河畔購物中心ICONSIAM旁，對岸是遊船據點River City，搭碼頭接駁船即可前往各大河岸觀光景點。酒店旁有平民市

集Klong San Plaza和文青廣場The Jam Factory，結合在地攤商及特色餐廳。此外，住房價格低於同級酒店，是超值的河畔住宿。

$3,500銖起
Iconsiam Pier 4碼頭

1.高樓天台酒吧同時欣賞迷人河景與市景 / 2.客房設備質感高 / 3.坐擁河岸美景，接駁交通便利

3 Haven't Met Silom
值得推薦的小資超值住宿

「未見是隆」爲BTS Chong Nonsi站旁的平價酒店，空間以藍白色調爲主，極簡清新。客房都有窗戶，整體採光不錯，基本房型通常在2,000銖上下，淡季更可能不到1,500銖，以地點及整體質感而言，可說相當經濟實惠。空鐵站周邊有摩天大樓、餐廳、便利商店及夜市，小吃攤更是選擇多樣；往暹羅商圈及昭披耶河

畔，跳上空鐵即可一線直達。

$1,500銖起 / BTS Chong Nonsi站

1.地點位於空鐵站旁，交通便利 / 2.周邊餐飲選擇多

4 Modena by Fraser Bangkok
優質經濟，商旅與家庭皆適宜

名致服務公寓爲新加坡輝盛集團旗下住宅型酒店，首次進駐泰國就選定曼谷商辦大樓FYI Center，地鐵站出口即達。周邊有7-11、餐館、咖啡店，及曼谷最大傳統集散市場「孔堤市場」（Khlong Toei Market）。酒店內部個性時尚，基本房型平均約2,000銖，設施包含洗衣機、健身房、酒吧和餐廳等，可惜沒有泳池，部分房型設置簡易廚房，符合住宅型酒店規格，亦有適合多人的連通房型。

$1,800銖起 / MRT Queen Sirikit National Convention Centre站

1.整體空間設計時尚新穎 / 2.設置連通房型，家庭親子住宿最佳選擇 / 3.法式簡約風餐廳

5 Talakkia Boutique Hotel

提供中西式早餐與療癒水療池

塔拉奇亞精品旅店以工業風結合中國風主題，呈現簡約氣氛。位於舊城區Talad Noi，這裡是舊時華人居住的地區，服務人員也會說一點中文，讓人倍感親切。服務項目有24小時櫃檯、行李寄存、水療池及咖啡館，更貼心提供無障礙設備房型。步行前往River City或N4碼頭只要5分鐘，門口有公車往大皇宮及臥佛寺，周邊亦有便利超商和餐廳。

💲1,200銖起
➡River City或N4碼頭

1.旅店外觀紅白色調，時尚及復古兼具 / **2**.簡約中國風也很有味道 / **3**.旅店水療池很適合炎熱的曼谷

6 Ching Cha Hostel

正對大鞦韆與蘇泰寺

欽查飯店位於曼谷老城區，其最大特色是正對地標大鞦韆及皇家寺廟蘇泰寺，另一側則是曼谷市政廳，可說是位於老城區的心臟地帶。頂樓餐廳景觀優美，環境乾淨整潔，服務親切友善，住宿價格實惠，唯一缺點是隔音較差。

此外，雙人獨立房型空間較小，若有攜帶行李箱，可選擇家庭獨立房型。

💲800銖起
➡MRT Sam Yot站

1.旅店公共空間 / **2**.住宿提供早餐 / **3**.旅店外觀

7 Dusit Thani Hua Hin

有私人海灘的泰式典雅度假酒店

杜喜集團為泰國本土企業，已有70年歷史，經營跨國酒店管理與開發，並有美容事業、餐飲學校。位於七岩海灘的杜喜天麗酒店，秉持一貫的泰式貴族典雅風格，無論在公設規畫或客房服務，都能感受老牌酒店的品質，尤其是占地廣大的私人海灘、泳池與戶外花園，更是

1.泳池寬廣，並有沙灘兒童遊戲區 / **2**.杜喜天麗酒店氣質高雅，布置細節講究 / **3**.酒店戶外造景，猶如皇室夏日行宮

讓住客沈浸在慵懶放鬆的氛圍中，是華欣休閒度假的好選擇。

$3,000銖起 / ➡搭Bell Travel巴士至華欣RRC Bus Station，再轉接駁車

8 Wyndham Hua Hin Pranburi Resort & Villas
華欣超值度假酒店之一

溫德姆酒店位於華欣市區往南車程約30分鐘的海邊，是座廣大的森林度假村。著重回歸自然與養生，以生態綠地和原木建材為主，並在客房融入天然素材及環保概念，除了一般公共設施，尚有各項休閒活動供遊客參與。自助早餐半開放式用餐環境，餐點選擇多元化，在溫德姆（Wyndham）集團合作管理之下，呈現具特色且高品質的住宿環境。

$2,500銖起 / ➡搭Bell Travel巴士至華欣RRC Bus Station，再轉接駁車

1.擁抱大自然的森林度假氛圍 / 2.客房設備結合天然素材與現代設備 / 3.餐點相當豐富

9 The Lapa Hotel
客房寬敞，交通方便

拉帕酒店位於華欣最大購物中心BluPort旁，生活機能相當好，商場周邊排班車多，接駁便

利，酒店亦提供知名景點免費接駁。客房空間寬敞，將近其他同級酒店一倍面積，公共設施符合四星水準，包含露天仿沙灘泳池、健身房、兒童遊戲室，適合親子同行。基本房型平均約2,000泰銖，另有特別房型提供給攜帶寵物的房客使用。

$1,800銖起 / ➡搭Bell Travel巴士至華欣RRC Bus Station，再轉接駁車

1.接待大廳設計活潑 / 2.客房面積寬敞，衛浴空間大 / 3.露天泳池位於餐廳旁，也有直通泳池房型

10 Holiday Inn Resort Vana Nava Hua Hin
結合度假村與水上樂園

華欣假日度假村結合瓦納納瓦水上樂園，於住宿期間可無限次進出園區，是親子必訪聖地！輕鬆活潑的海洋風格，融入時下流行的設計元素，硬體設備包含全景觀客房、無邊際泳池、兒童專屬泳池俱樂部，以及天空步道高空酒吧，可說是集優勢於一身。

$3,000銖起 / ➡搭Bell Travel巴士至華欣RRC Bus Station，再轉接駁車

1.水上樂園可以耗上一整天 / 2.天空步道高空餐廳為華欣地標

H otels

如何挑選住宿酒店

曼谷交通壅塞，加上景點多集中空鐵站周邊，建議以鄰近空鐵或地鐵站的酒店為佳。

每當前往一個國家旅遊，交通安排是行程中非常重要的一環，而其中也包含住宿地點的挑選，倘若酒店位置與前往的景點距離較遠，不但會耗費更多交通時間，相對也會花費更多車資，在有限的旅行時間，勢必會捨棄部分口袋名單。

如何挑選 曼谷住宿酒店

以下依照曼谷觀光區域分類，希望幫助讀者在琳瑯滿目的眾多酒店之中，快速挑選理想的住宿地點。

1 緊鄰空、地鐵站，交通便利

曼谷是塞車問題嚴重的都市，選擇鄰近空、地鐵站周邊的住宿酒店，是遊客初訪曼谷的最佳選擇，不怕遇上尖峰時段耗費時間在車陣中，也可善用一日通行票，將交通花費做最大利用，搭空、地鐵玩曼谷，可說是最有效率的旅行方式！

空鐵站

曼谷空鐵有淺綠線Sukhumvit Line、深綠線Silom Line，以及深綠線延伸金線Gold Line，通常以BTS Siam站(暹羅站)為中心向外選擇住宿地點，一來暹羅站位於暹羅商圈，為曼谷重點觀光區；二則暹羅站為空鐵淺綠線及深綠線交匯，前往各站點都便利；再則暹羅站距離蘇汪納蓬機場快線站為步行距離，綜觀以上三點，暹羅站為搭空鐵遊曼谷最便利位置，尤其以購物為首要目的的遊客來說，非此區莫屬，位置絕佳的老字號Arnoma Grand Bangkok就屬此類酒店，即使設備老舊仍備受青睞，更是跨年夜觀賞Central World煙火的最佳地點，搭配行程可參考Route 1。

暹羅區黃金地段相對房價較高，加上星級酒店聚集，平均住宿價格每晚4,000銖起，對於花費有預算考量的遊客，不妨選擇鄰近的水門區(Pratunam)住宿酒店，房價相對便宜，周邊購物商店及美味食肆也不少，是省荷包的好

選擇。曼谷知名摩天大樓Baiyoke Sky Hotel就屬此類酒店，不但有高樓景觀，周邊商店小吃眾多，可說是性價比高的住宿選擇，缺點是設備老舊，周邊巷弄中亦有不少設計旅店，像是Klub Hotel等等，搭配行程可參考Route 6。

此外，BTS Asok站與地鐵藍線MRT Sukhumvit站交匯，以及BTS Sala Daeng站與地鐵藍線MRT Silom站連接，也都是不錯的選擇，位處空、地鐵交匯處，可前往的景區更多元化。我也推薦BTS Phrom Phong站，位處EM商圈生活機能佳，距離BTS Asok及BTS Siam都不遠，住宿價格平實，善用嘟嘟車及迷你雙條車接駁，探訪巷弄中特色美食，遠離繁華觀光區，體驗在地生活，Arize Hotel Sukhumvit即為此類平價酒店，搭配行程可參考Route 5。

地鐵站

曼谷地鐵有藍線、紫線及延伸黃線、粉紅線，除了藍線MRT Sukhumvit站與空鐵BTS Asok站、藍線MRT Silom站與空鐵BTS Sala Daeng站為空、地鐵交匯處，可延伸更多景點安排之外。我也推薦鄰近暹羅商圈的MRT Sam Yan站，以及曼谷中國城所在地MRT Wat Mangkon站，前者步行可前往主要觀光區暹羅商圈，搭乘地鐵則可前往舊城區，以及延伸河岸智能碼頭交通船；後者位處全天候都熱鬧的中國城範圍，生活機能非常好，街邊食肆及餐廳選擇也很多，是喜好美食及夜生活的不錯選擇，同樣可延伸至舊城區及昭披耶河河岸接駁，前往知名景點交通便利，曼谷新興酒店MRT Sam Yan站的Triple Y Hotel及MRT Wat Mangkon站的Asai Bangkok Chinatown都屬此類地點，搭配行程可參考Route 2。

2 昭披耶河河畔賞景，水岸風光明媚

距離曼谷最近的海邊在相鄰的北欖府，然該區多有海景餐廳而鮮少住宿，除非安排前往邦盛海灘（Bang Saen Beach）或芭達雅海灘（Pattaya Beach）度假，可欣賞無限海景，倘若以曼谷為主要遊覽地區，則昭披耶河河畔住宿是唯一有河景的地區，感受愜意悠閒的氛圍，河岸住宿會是不錯的選擇！

無論是主要觀光區中央／沙吞碼頭（Central Pier／Sathorn Pier）周邊，也就是夜遊昭披耶河遊船的行經路線，或是自中央碼頭往北和往南的非觀光區河段，都有水岸酒店任君挑選，其中推薦鄰近公眾運輸碼頭的酒店，除了遊河賞景接駁便利，前往其他景點也相對方便，同時兼具美景、交通及購物的酒店，房價也相對較高，像是暹羅天地（ICONSIAM）旁的Millennium Hilton Bangkok，可依需求及預算選擇，搭配行程可參考Route 3及Route 7。

3 曼谷舊城區,感受無違和新舊交融

曼谷舊城區迷人之處在於懷舊與創新兼容並蓄的文化魅力。舊城區範圍即為拉達那哥欣(Rattanakosin),這裡有知名景點大皇宮和玉佛寺,以及一級皇家寺廟臥佛寺和蘇泰寺,也包括經常舉辦大型活動的皇家田廣場(Sanam Luang),北側有背包客天堂考山路,並連結杜喜區(Dusit),南側有全天候熱鬧的中國城,鄰近昭披耶河河岸則有不少景觀餐廳。

地鐵MRT Sam Yot站可延伸往市中心,MRT Sanam Chai站連結最美智能碼頭Rajinee Pier,感受泰國新舊交融無違和魅力,眾多個性住宿位居此處,可依個人喜好風格挑選,星級黎明寺景觀河濱酒店,或是平價設計旅店,都能有賓至如歸的住宿體驗,像是Sala Rattanakosin Bangkok的黎明寺或臥佛寺景觀客房,或舊城區中心的背包客旅店Chingcha Bangkok,都是不錯的選擇,搭配行程可參考Route 2及Route 10。

如何挑選華欣住宿酒店

華欣為泰國皇室度假勝地,眾多知名星級酒店林立,住宿選擇多且價格平實,私人海灘度假酒店為首選,建議包車多日遊,住宿選擇多更多,同時體驗華欣愜意度假氛圍。

1 華欣市中心,較為便利

搭乘大眾運輸前往華欣度假,住宿地點以市中心較為便利,或是提供市區往返接駁的度假酒店,也是不錯的選擇。華欣市區以火車站到夜市區域最為熱鬧,像是Hilton Hua Hin及Centara Grand Beach Resort都屬此類酒店。此外則是Market Village Hua Hin和Bluport Hua Hin兩大商場周邊,像是The Lapa Hotel就在商場隔壁,生活機能佳,購物商場通常也是酒店提供往返接駁的地點之一。

然而,華欣市區除了火車站、海灘、美食小吃及夜市之外,其他多處景點皆需搭車前往,因此,建議搭乘大眾運輸抵達之後,安排包車走訪各個景區,或是使用車輛媒合App選擇合適的車輛,搭配行程可參考Route Extra。

2 私人沙灘酒店，設施應有盡有

安排前往華欣度假，絕不可錯過私人沙灘星級酒店，從七岩(Cha am)到華欣(Hua Hin)沿岸，有眾多星級酒店林立及特色餐廳，酒店內部公共設施應有盡有，自成一方天地，異國料理餐廳、私人沙灘、泳池、健身房、兒童俱樂部及舒壓按摩服務，部分酒店甚至提供各項活動、課程及托兒服務，一站式體驗海灘度假的悠閒與放鬆，像是Dusit Thani Hua Hin及Holiday Inn Resort Vana Nava Hua Hin都屬此類酒店。即使華欣沿海地形不像芭達雅適合發展水上活動，然而背山面海的自然環境也發展出不

少景區，像是葡萄酒莊、三百峰國家公園，以及特色主題樂園，包車前往不受限住宿地點，同時方便前往各大景點，是最舒適便利的旅行安排，搭配行程可參考Route Extra。

1.華欣度假酒店常見直通泳池房型 / 2.華欣海濱度假酒店必備私人沙灘 / 3.華欣度假酒店設置多項親子設施及兒童樂部 / 4.華欣星級酒店有多處泳池或私人泳池，可體驗不同度假氛圍 / 5,6.華欣度假酒店賞心悅目的裝置藝術

如何挑選住宿酒店

I

曼谷旅遊工具箱

Information

彙整旅行曼谷須知的生活資訊、簽證、退稅與實用App，讓你準備起來更輕鬆。

1 日常生活資訊
Daily Life Information
事先了解很重要

氣候與服裝

泰國為熱帶氣候，平均溫度28～32°C，一年之中概略分為熱季、雨季、涼季。3～5月為熱季，其中以4月最熱，4月中為泰國新年「宋干節」，以潑水慶祝，度過炎熱的節氣，穿著以短袖衣褲為主。6～10月為雨季，降雨機率大，海象不佳，通常為旅遊淡季，建議攜帶雨具備用。11～翌年2月為涼季，其中又以12月最涼爽，加上節慶活動多，為旅遊旺季，可攜帶薄長袖外套，清晨與夜晚相較其他時間來說溫差大。

時差

泰國時間比格林威治標準時間早7小時，比中原標準時間晚1小時，台灣時間10:00為泰國時間09:00。

電壓

220V，手機、相機、筆記型電腦等3C商品可直接使用；吹風機、快煮鍋等家電用品需確認是否為國際電壓再使用。

插座

可適用兩腳扁形或圓形、三腳圓形、兩腳＋接地形插座。

電話撥打方式

● **泰國→台灣**：泰國國際冠碼001＊＋台灣國碼886＋台灣區域碼(市話及手機皆去0)＋電話號碼
● **台灣→泰國**：台灣國際冠碼002＋泰國國碼66＋泰國區域碼(市話及手機皆去0)＋電話號碼

＊若是用泰國當地門號撥回台灣，可用各家電信節費代碼：True(006) / Dtac(004) / AIS(003)，取代泰國國際冠碼(001)。

網路&電話卡

曼谷國際機場蘇汪納蓬(Suvarnabhumi)的電信公司有True、Dtac、AIS，曼谷國際機場廊曼(Don Mueang)的電信公司為True，皆有販售網路電話卡，平均售價300銖，亦可在線上旅遊平台購買或預訂網路電話卡。

飲水

泰國飲水以瓶裝水為佳，便利超商或超市賣場皆有販售蒸餾水或礦泉水。

換匯服務

可在台灣的銀行臨櫃兌換泰銖，或攜帶台幣、美金及其他貨幣前往泰國當地「匯兌所」換匯。曼谷換匯優於台灣的銀行匯率，匯兌所通常設置於百貨商場及空鐵站，兌換方便，其中以曼谷水門區Super Rich總行為換匯優選。

∧ Superrich Thailand匯兌所

∧ 機場快線站匯兌所

緊急醫療

如需緊急醫療服務，可前往曼谷私立醫院，提供中英文翻譯人員服務，就診後記得索取「醫生診斷證明」及「費用明細」（正本及影本都需加蓋醫院章），回國後可申請健保海外緊急就醫及個人醫療保險補助。若是需要購買常用藥品，可以考慮Nasolin感冒藥、CA-R-BON止瀉藥、Zam-Buk青草膏。

∧ Zam-Buk青草膏

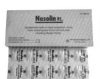
∧ Nasolin感冒藥　∧ CA-R-BON 止瀉藥

康民醫院 (Bumrungrad International Hospital)
🌐 www.bumrungrad.com
ⓘ 亞洲第一間獲得美國國際醫院聯合委員會認證的醫護機構

曼谷醫院 (Bangkok Hospital)
🌐 www.bangkokhospital.com
ⓘ 泰國規模最大的私立醫院，分院遍布主要城市，為皇室認證醫院

三美泰醫院 (Samitivej Sukhumvit Hospital)
🌐 www.samitivejhospitals.com
ⓘ 特別設立兒童專屬醫院

BNH Hospital
🌐 www.bnhhospital.com
ⓘ 泰國120年歷史綜合國際醫院

曼谷24小時連鎖藥局
🌐 bangkokdrugstore.co.th

必備行李物品

以夏季衣著為主：曼谷氣候四季如夏，即使在年底涼季，白天平均溫度也超過25°C，攜帶夏季衣著即可。然而，在商場或空鐵、地鐵車廂，通常空調溫度低，需要長袖薄外套，以免室內外溫差大而受寒。此外，曼谷廟宇眾多，參觀寺廟不可穿著無袖、短褲或短裙，因此也建議攜帶長褲或長裙。

盥洗用品及保養美妝品：多數飯店已不主動提供一次性牙刷及牙膏，建議自備以響應環保，其他用品則依個人需求攜帶。

游泳戲水裝備：曼谷多數飯店都有泳池，若是前往華欣海灘度假，游泳戲水裝備更是不可少，除了泳衣、泳帽、泳鏡，海灘鞋（部分星級酒店備品之一）亦是必備。

防曬品：除了在雨季有短暫降雨之外，通常白天日照充足，在戶外活動時，建議戴遮陽帽及穿著防曬衣，或是太陽眼鏡及陽傘。防曬乳液也一定要帶。

個人藥品：泰式飲食偏辛辣，或是誤食不潔冰塊及飲料，腸胃適應不良時有所聞，建議攜帶個人慣用腸胃藥，其他常備藥品，曼谷便利商店及藥局均有販售且價格便宜。

慶典&國定假日

1月1日	新年
佛曆3月15日	萬佛節(Makha Bucha Day)
4月6日	節基王朝開國紀念日(Chakri Day)
4月13～15日	泰國新年宋干節(俗稱潑水節)
5月1日	勞動節
5月4日	十世皇加冕日
6月3日	十世皇皇后誕辰紀念日
佛誕6月15日	佛誕日或衛塞節(Visakha Bucha Day)
佛曆8月15日	三寶佛節(Asarnha Bucha Day)
佛曆8月16日	守夏節(Buddhist Lent Day)
7月28日	十世皇誕辰紀念日
8月12日	泰國母親節(九世皇皇后誕辰)
10月13日	九世皇逝世紀念日
10月23日	五世皇逝世紀念日
佛曆12月15日	水燈節(Loy Krathong)
12月10日	行憲紀念日(Thai Constitution Day)
12月5日	泰國父親節(九世皇誕辰)
12月31日	跨年夜

＊佛曆對照的西曆每年日期都不同，類似台灣的農曆和西曆。佛曆西曆換算：佛曆2566年減543為西曆2023年。

＊列表中的水燈節是重要慶典，但不放假，其他節日則是放假及遇假日補假。佛教節日不販售酒精飲料。

1.水燈節當日放水燈為泰國傳統祈福活動 / **2**.尚泰世界購物中心跨年煙火 / **3**.泰國芭堤雅煙火節 / **4**.泰國宋干節

---

2 簽證與入關
Visa & Customs

辦妥辦好，安心進出海關

觀光簽證

可親自前往台北泰國經貿辦事處、簽證中心（VFS）辦理，或由旅行社代辦，簽證費用1,200元台幣。自簽證生效日開始3個月內得使用，入境泰國當日起算可停留60天。如需延長停留時間，則須前往泰國移民局總局辦理，可延長簽證30天，費用1,900銖。

泰國移民局總局 (Thailand Immigration Bureau)
🌐bangkok.immigration.go.th
✉Government Center B, Chaeng Watthana Road Soi 7, Laksi, Bangkok
📞02-141-9889

落地簽證

抵達泰國機場，在出關前辦理，須備妥以下相關文件及泰銖現金，交由官員審核。辦理完成可停留15日，簽證費用2,000銖。如需延長停留時間，須前往泰國移民局辦理，可延長簽證7日，費用另加1,900泰銖。

抵達曼谷機場辦理落地簽所需資料：
A.護照
B.落地簽證申請表
C.4×6cm照片一張
D.15天內回程機票
E.飯店住宿憑證
F.每人1萬／每家庭2萬泰銖現金或等值其他外幣(可能會抽查)

🌐線上辦理落地簽：visa.vfsglobal.com/twn/zh/tha
⓬線上申請落地簽仍須前往機場落地簽申請處的EVOA專屬通道審查，再前往入境海關檢查

∧ 抵達曼谷機場有清楚的落地簽指標

∧ 在落地簽服務處依照指示辦理落地簽

機場通關

快速通關，可提前預約曼谷蘇汪納蓬機場快速通關服務，由專人帶領辦理入出境手續，以節省排隊等候時間；一般通關，持已辦理簽證之護照及登機證，前往外國人通道排隊檢查，或遵從海關人員指示。

攜帶財物限制

持觀光簽證入境泰國，每人須攜帶2萬泰銖，每個家庭4萬泰銖，或等值貨幣(此為條文規定，但觀光簽多半不會檢查現金)。持落地簽證入境泰國，則為每人攜帶1萬泰銖，每個家庭2萬泰銖，海關人員可隨機抽查。

入境泰國每人可攜帶不超過一條香煙，即10包或200根，酒類不超過1,000毫升。如旅遊團體購買香菸或酒，須各自購買並取得收據，且不可交由同一人攜帶入境，應在規定的數量範圍內，各自攜帶入境。

駐泰國台北經濟文化辦事處
🌐 www.taiwanembassy.org/th
✉ 40/64 Vibhavadi-Rangsit 66, Laksi, Bangkok
☎ 02-119-3555，緊急聯絡(泰國境內直撥)081-666-4006
🕐 領務受理09:00～11:30
🆘 緊急救助服務Line帳號：Taiwan119
　　泰國觀光警察服務：泰國門號直撥1155(可通英、中文)

3 購物退稅
VAT Refund
曼谷機場與百貨公司均可退稅

基本流程

在有退稅標誌的商店單店購物滿2,000銖，可申請最高6%退稅(金額參考下圖退稅表)，在結帳時告知服務人員欲申請退稅(會要求出示護照)，在購物當日拿發票至該商場退稅申請櫃檯填寫退稅表單「PP.10」，發票日期和退稅表單日期須相同，之後再前往機場或市區退稅服務據點辦理。

曼谷旅遊工具箱

SALE FROM	SALE TO	ROUNDED REFUND	SERVICE FEE	NET ROUNDED REFUND
消費金額 自	消費金額 至	退稅金額	手續費	實際可領取退稅金額
2,000.00	2,499.99	80.00	40.00	40.00
2,500.00	2,999.99	100.00	40.00	60.00
3,000.00	3,499.99	120.00	40.00	80.00
3,500.00	3,999.99	150.00	40.00	110.00
4,000.00	4,499.99	180.00	40.00	140.00
4,500.00	4,999.99	220.00	40.00	180.00
5,000.00	5,999.99	250.00	50.00	200.00
6,000.00	6,999.99	300.00	60.00	240.00
7,000.00	7,999.99	350.00	70.00	280.00
8,000.00	8,999.99	400.00	80.00	320.00
9,000.00	9,999.99	450.00	90.00	360.00
10,000.00	10,999.99	500.00	100.00	400.00
11,000.00	11,999.99	550.00	110.00	440.00
12,000.00	12,999.99	600.00	120.00	480.00
13,000.00	13,999.99	650.00	130.00	520.00
14,000.00	14,999.99	700.00	140.00	560.00
15,000.00	15,999.99	750.00	150.00	600.00
16,000.00	16,999.99	800.00	160.00	640.00
17,000.00	17,999.99	850.00	170.00	680.00
18,000.00	18,999.99	900.00	180.00	720.00
19,000.00	19,999.99	950.00	190.00	760.00
20,000.00	21,999.99	1,060.00	200.00	860.00
22,000.00	23,999.99	1,170.00	220.00	950.00
24,000.00	25,999.99	1,280.00	240.00	1,040.00
26,000.00	27,999.99	1,390.00	260.00	1,130.00
28,000.00	29,999.99	1,500.00	280.00	1,220.00
30,000.00	31,999.99	1,610.00	300.00	1,310.00
32,000.00	33,999.99	1,720.00	320.00	1,400.00
34,000.00	35,999.99	1,830.00	340.00	1,490.00
36,000.00	37,999.99	1,940.00	360.00	1,580.00
38,000.00	39,999.99	2,050.00	380.00	1,670.00
40,000.00	41,999.99	2,160.00	400.00	1,760.00
42,000.00	43,999.99	2,270.00	420.00	1,850.00
44,000.00	45,999.99	2,380.00	440.00	1,940.00
46,000.00	47,999.99	2,490.00	460.00	2,030.00
48,000.00	49,999.99	2,600.00	480.00	2,120.00
50,000.00	51,999.99	2,710.00	500.00	2,210.00
52,000.00	53,999.99	2,820.00	520.00	2,300.00
54,000.00	55,999.99	2,940.00	540.00	2,400.00
56,000.00	57,999.99	3,060.00	560.00	2,500.00
58,000.00	59,999.99	3,180.00	580.00	2,600.00
60,000.00	62,999.99	3,370.00	600.00	2,770.00
63,000.00	65,999.99	3,560.00	630.00	2,930.00
66,000.00	68,999.99	3,750.00	660.00	3,090.00
69,000.00	71,999.99	3,940.00	690.00	3,250.00
72,000.00	74,999.99	4,130.00	720.00	3,410.00
75,000.00	77,999.99	4,320.00	750.00	3,570.00
78,000.00	80,999.99	4,510.00	780.00	3,730.00
81,000.00	83,999.99	4,700.00	810.00	3,890.00
84,000.00	86,999.99	4,890.00	840.00	4,050.00
87,000.00	89,999.99	5,080.00	870.00	4,210.00
90,000.00	92,999.99	5,270.00	900.00	4,370.00
93,000.00	95,999.99	5,460.00	930.00	4,530.00
96,000.00	99,999.99	5,720.00	960.00	4,760.00
100,000.00	103,999.99	5,980.00	1,000.00	4,980.00
104,000.00	107,999.99	6,240.00	1,040.00	5,200.00
108,000.00	111,999.99	6,500.00	1,080.00	5,420.00
112,000.00	115,999.99	6,760.00	1,120.00	5,640.00
116,000.00	119,999.99	7,020.00	1,160.00	5,860.00
120,000.00	123,999.99	7,280.00	1,200.00	6,080.00
124,000.00	127,999.99	7,540.00	1,240.00	6,300.00
128,000.00	131,999.99	7,800.00	1,280.00	6,520.00
132,000.00	135,999.99	8,060.00	1,320.00	6,740.00
136,000.00	139,999.99	8,320.00	1,360.00	6,960.00
140,000.00	143,999.99	8,580.00	1,400.00	7,180.00
144,000.00	147,999.99	8,840.00	1,440.00	7,400.00
148,000.00	151,999.99	9,100.00	1,480.00	7,620.00
152,000.00	155,999.99	9,360.00	1,520.00	7,840.00
156,000.00	159,999.99	9,620.00	1,560.00	8,060.00
160,000.00	163,999.99	9,860.00	1,600.00	8,260.00
164,000.00	167,999.99	10,100.00	1,640.00	8,460.00
168,000.00	171,999.99	10,340.00	1,680.00	8,660.00
172,000.00	175,999.99	10,580.00	1,720.00	8,860.00
176,000.00	179,999.99	10,820.00	1,760.00	9,060.00
180,000.00	183,999.99	11,060.00	1,800.00	9,260.00
184,000.00	187,999.99	11,300.00	1,840.00	9,460.00
188,000.00	191,999.99	11,540.00	1,880.00	9,660.00
192,000.00	195,999.99	11,780.00	1,920.00	9,860.00
196,000.00	199,999.99	12,000.00	1,960.00	10,040.00

市區退稅

在市區任何退稅服務據點，須出示：

A.護照正本

B.退稅表單

C.有護照號碼的發票

D.有效信用卡(信用卡持卡人名必須與退稅申請人護照名相同)

E.入境及離境旅行文件

申請成功會拿到現金、退稅表單明細及退稅信封，需要在抵達機場出境前，將退稅表單交給海關蓋章，才完成手續。市區退稅手續費為購物金額1%，購物金額4,999銖以內，手續費一律40銖。

市區退稅服務據點

✉Central Chidlom百貨7樓客服中心

✉ZEN百貨6樓客服中心

✉Siam Paragon的G樓層

✉Robinson百貨(Asok)3樓及(Rama 9)5樓客服中心

✉Emporium百貨G樓層遊客服務中心

✉ICONSIAM購物中心1樓遊客休息室

∧曼谷市區商場Siam Paragon退稅服務處

機場退稅

抵達機場之後，先將退稅表單交給海關檢查及蓋章，並在搭機離境前至免稅店區域，於退稅服務台辦理退稅。

∧曼谷機場退稅服務處

4 實用APP
Useful APP
查詢一指完成

手機下載各款實用App，以當地門號及電子郵箱完成註冊，使用可綁定信用卡的支付方式，需特別注意開通電子郵箱收取銀行確認碼，方可成功綁定，或以現金或line Pay支付。

常用APP推薦

製表 / Sophia

	Bolt 車輛媒合系統，現金付款，提供婦女安心搭乘服務
	Grab 車輛媒合及餐點外送服務
	MuvMi 曼谷分區嘟嘟車接駁，現金或信用卡儲值付款
	Superrich Thailand 即時匯率及服務據點查詢
	eatigo 餐廳優惠折扣訂位
	CABB 英倫風計程車，司機與乘客隔板分離，蘇汪納蓬機場駐點
	Hungry Hub 餐廳吃到飽特別方案訂位
	GoWabi 預約美容按摩
	ViaBus 大眾運輸交通路線規劃指南
	Bkk Rail 曼谷空鐵、地鐵、機場快線搭乘指南及各站資訊
	QueQ 實用候位系統及預約平台

Tuk Tuk Hop

老城區嘟嘟車APP，預定日08:30～18:00系統開放時間內，當天不限次數搭乘，提供提前預約、線上地圖及景點介紹，即使所在地點不在系統設定中，也可直接加Line聯繫客服安排，例如在地鐵或空鐵車站接駁。系統提供老城區範圍內地鐵站接駁，而超出範圍地點，像是BTS National Stadium，則每趟需加價100銖，且有時間限制。加入Tuk Tuk Hop系統的嘟嘟車司機，在車況和服務都有一定水準，包含免費提供行動電源在車上使用，也可在購買代碼時，加購49銖租用Wi-Fi分享器，服務周到。

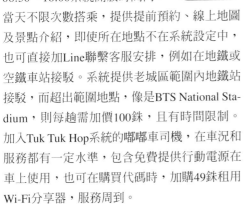

∧ Tuk Tuk Hop專屬車輛　　∧ 免費使用行動電源

預約流程：

1 Step 手機下載Tuk Tuk Hop APP，購買使用代碼。

選擇購買pin碼

- Log in with pin
- Buy pin
- Free guide

2 Step 選擇搭乘日期與人數，輸入優惠碼RE2106。

選擇日期
選擇人數
輸入優惠碼

Price for unlimited hop on hop off (per day): 8:30 - 18:00)
Internet access required Pocket Wi-Fi available for rent

Select date — Jun 17, 2019
Number of adults
Number of children under 100 cm (free)
Total price　0.00 Baht
Promotion code
Pocket Wi-Fi rental　No
Net price　0.00 Baht

Next

3 Step 輸入個人資料及選擇付款方式。

填寫英文名→ Name
填寫電子信箱→ Email
填寫手機門號→ Mobile +66
選擇付款方式→ Pay via

*For paying on arrival option, we cannot guarantee your spot
By clicking "PAY", you agree to our Terms and Condition
PAY

4 Step 填寫信用卡資料。

Powered by
Omise

CREDIT CARD DETAIL
Card number
Name on card
Expiry date
Security code

Submit payment

5 Step 完成付款、取得pin碼，開始選擇接駁地點。

選擇出發地點→ PICK UP
選擇前往地點→ DROP OFF
BOOK

6 Step 系統發送司機資料，可使用即時導航，確認司機位置及等候地點是否正確。

牌照號碼

driverArrivingInMins
Please show this app to the driver
License Plate
สว1918
Check for the Tuk Tuk Hop sign on the roof:
Go to your pickup point:　Navigate

注意事項：pin碼可在當日或提前購買，限定所選日期使用。客服聯繫電話090-063-2660，可用此門號加Line或WhatsApp。

eatigo

eatigo在泰國曼谷、芭達雅、清邁和普吉島等地區都有配合的餐廳,其中又以曼谷地區餐廳數量最多,兼具網路訂位及折扣優惠功能,不需綁信用卡預先付款和列印優惠票券,使用方便,也很實用。此外,預定不限泰國境內及泰國手機門號,因此在出發旅遊前,便可預訂餐廳了。

預約流程:

Step 1 手機下載APP或電腦開啟網頁。

Step 2 以搜尋功能查詢預計前往的餐廳,或使用分類瀏覽功能選擇。

Step 3 選擇人數、日期、優惠時段,並按下一頁。

選擇日期
選擇人數
選擇理想優惠時段

Step 4 填寫英文名、電子信箱、所在地手機門號,確認資料後,按下確認鍵,即可完成預訂,電子信箱中會收到確認信。

填寫英文名
選擇國碼並填寫手機門號
填寫電子信箱

Step 5 準時抵達餐廳,出示折扣代碼,可享餐點優惠,時段優惠保證只保留30分鐘。

折扣代碼

注意事項:假如無法如期前往餐廳,記得在預訂時間之前取消,超過三次預訂未到,系統會封鎖帳號。

GoWabi

GoWabi是美容SPA會館預訂系統,在泰國曼谷、芭達雅、普吉島、華欣和清邁地區都有配合的店家,其中又以曼谷地區數量最多。此APP兼具網路預約及線上付款功能,並提供多元付款方式,抵達時以手機出示確認信即可。網頁介面有泰、英及中文,每次預訂可以累積點數換取等值抵用金,當地居民和遊客都很適用。

預約流程:

Step 1 手機下載APP或電腦開啟網頁。

Step 2 以搜索功能查詢會館,或使用分類瀏覽功能選擇。

Step 3 選擇項目並按下預訂,接著選擇日期及時間。

選擇項目按下預訂

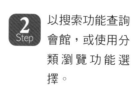

Step 4 填寫個人資料。

填寫英文名 →
填寫電子信箱 →
填寫電話號碼 →

Step 5 選擇支付方式，輸入減價100銖折扣碼「sophia-8243959」。減價100銖折扣碼為首次註冊適用；部分會館可能不適用折扣碼。

選擇支付方式 →
輸入折扣碼 →

Step 6 收到電子郵件確認信，或在系統查詢訂單號，完成預訂。

注意事項：可在使用日期前兩天線上預訂，如需臨時預訂，可直接聯繫客服，使用即時確認訂位服務，線上客服Line可加當地手機號063-909-9058或直接電話聯繫，服務時間09:00～18:00。部分會館可現場付款，部分則需線上預付款項。

Bolt

Bolt為車輛媒合平台，以行動應用程式連結乘客及司機，提供操作簡易且價格合理的載客服務，為全球性的交通網絡公司，且支付方式多元，然而，目前在泰國僅能以現金支付，相較可以綁定信用卡付款的Grab車輛媒合平台略顯不便，其優勢在於乘車價格更優惠，尤其在非交通尖峰時段，

除了不需與司機議價，更提供多款車輛選擇，其中也包含婦女安心搭乘服務，像是可以選擇Ladies(女性司機)車款，是遊客在泰國觀光城市曼谷、清邁和普吉等地區的必備實用App。

預約流程：

Step 1 在手機應用程式下載Bolt。

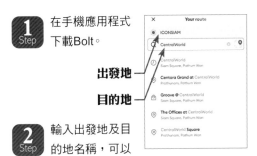

出發地 →
目的地 →

Step 2 輸入出發地及目的地名稱，可以英文名、中文名或英文地址搜尋正確地標。

預計抵達目的地時間 →
車輛抵達出發地時間 →

Step 3 系統在地圖上顯示車輛抵達出發地時間，以及預計抵達目的地時間，同時可選擇車款。

Step 4 依車資、等候時間及個人需求選擇不同車款，其中也包含女性司機及摩托車計程車選項。

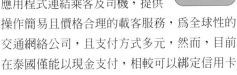

注意事項：由於目前Bolt在泰國只能使用現金支付，建議乘車自備零錢，像是20、50或100泰銖紙鈔，避免千元大鈔，以免司機無法找零。

MuvMi

MuvMi是專屬嘟嘟車的車輛媒合平台，以行動應用程式連結乘客及司機，不需與司機議價，車資經濟實惠，最低單趟只要10泰銖，又依共乘或包車有不同費率，使用的車輛為零碳環保電動車，座位旁提供USB充電裝置，相較於傳統嘟嘟車有降低噪音、隔絕空汙且設備新穎的優勢，目前在曼谷主要觀光地區可使用此項服務，唯一缺點是當次服務範圍僅限所選區域，即使鄰近地點也不可跨區搭乘，適合短程及搭配空地鐵接駁。付款方式多元，可選擇現金支付，或是以信用卡儲值固定金額抵扣，也可購買計次方案，當地居民和觀光遊客都適用。

預約流程：

Step 1 在手機應用程式下載MuvMi，輸入泰國當地電話號碼，並接收驗證碼，方可完成註冊。

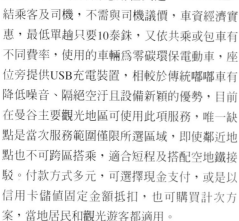

Step 2 此項服務以地區分類，須先選擇乘車地點的區域，倘若不知所屬地區，可在分類下方設定自動顯示最近區域。

Step 3 在地圖上的藍色標誌點選出發地和目的地。

Step 4 分別選擇出發地和目的地，依照顯示地點的位置圖示及指示說明等候車輛。

Step 5 選擇搭乘人數及勾選是否包車或與他人共乘。

選擇搭乘人數 →
勾選(包車)或 →
不勾選(共乘)

Step 6 支付方式以信用卡儲值付款最方便，需可接收信用卡發卡銀行驗證碼，像是傳送驗證碼至銀行APP或電子郵箱。

注意事項：1.電動嘟嘟車各區域服務時間：06:30～21:30。2.系統儲值最低金額50泰銖，且不可退回。

Hungry Hub

Hungry Hub在泰國曼谷、芭達雅、清邁、華欣和普吉地區都有配合的餐廳和飯店，其中又以曼谷地區的餐廳數量最多，兼具線上訂位及美食外送服務，可切換泰文或英文介面，適合當地居民及觀光遊

客，部分餐廳可直接使用信用卡或其他支付方式線上付款。此應用程式最特別的是提供其他平台沒有的特別方案，單點餐廳的吃到飽方案或是優惠組合套餐，像是知名連鎖餐廳Audrey Cafe在Hungry Hub的吃到飽方案就非常划算，此外，預約不限泰國境內及泰國手機門號，因此在出發旅遊前，便可預訂餐廳了。

預約流程：

1 Step 手機應用程式下載Hungry Hub或電腦開啟Hungry Hub網頁，並連結Facebook或Gmail完成個人資料登入。

選擇地區 →
搜尋餐廳 →

2 Step 先選擇所在地區，再使用搜尋功能查詢預計前往的餐廳，或者使用分類瀏覽功能選擇。

3 Step 同一間餐廳有不同分店，可先查詢分店名稱是否正確，再進行下一步。

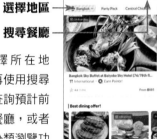

方案細節及規定

4 Step 選定餐廳後，可參考每個方案的詳細說明，再進行預訂，包含菜單、用餐時間限制、最低預約人數限制、兒童年齡及費用等。

5 Step 選擇成人人數和兒童人數，在選擇成人人數之後進入下一步驟，則再返回上一頁選擇兒童人數。

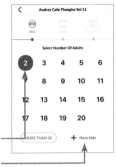

選擇成人人數
選擇兒童人數

6 Step 依序在連續頁面選擇日期、時間和餐飲方案。

7 Step 填寫手機門號、特殊需求(例如生日聚餐或需要兒童餐椅)、輸入首購折扣碼，最後確認預訂資料無誤，按下確認鍵，即可完成預訂，連結的電子郵箱會收到確認單，填寫的手機門號也會收到簡訊通知。

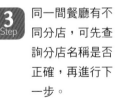

填寫手機門號
填寫特殊需求

確認預訂資料

輸入首次使用折扣碼：REF-Y1GHNU513

8 Step 準時抵達餐廳，出示確認碼，現場付款方式可使用現金或信用卡，皆依餐廳規定。

注意事項：餐廳保留預訂座位不超過15分鐘，或是可提前在系統中更改時間。

下飛機Day by Day 愛上曼谷

作　　　者　蘇菲亞
總 編 輯　張芳玲
發 想 企 劃　taiya旅遊研究室
編輯部主任　張焙宜
企 劃 編 輯　林云也
主 責 編 輯　林云也
特 約 編 輯　黃 琦
封 面 設 計　許志忠
美 術 設 計　許志忠
地 圖 繪 製　許志忠

太雅出版社
TEL：(02)2368-7911 FAX：(02)2368-1531
E-mail：taiya@morningstar.com.tw
太雅網址：http://taiya.morningstar.com.tw
購書網址：http://www.morningstar.com.tw
讀者專線：(02)2367-2044、(02)2367-2047

出 版 者　太雅出版有限公司
　　　　　106020台北市大安區辛亥路一段30號9樓
　　　　　行政院新聞局局版台業字第五○○四號

讀者服務專線　TEL：(02)2367-2044 / (04)2359-5819#230
讀者傳真專線　FAX：(02)2363-5741 / (04)2359-5493
讀者專用信箱　service@morningstar.com.tw
網路書店　　　http://www.morningstar.com.tw
郵政劃撥　　　15060393 (知己圖書股份有限公司)

法 律 顧 問　陳思成律師

印　　　刷　上好印刷股份有限公司 TEL：(04)2315-0280
裝　　　訂　大和精緻製訂股份有限公司 TEL：(04)2311-0221

初　　　版　西元2023年09月01日
定　　　價　360元

(本書如有破損或缺頁，退換書請寄至：台中市工業30路1號 太雅出版倉儲部收)

ISBN　978-986-336-394-1
Published by TAIYA Publishing Co.,Ltd.
Printed in Taiwan

國家圖書館出版品預行編目(CIP)資料

下飛機Day by Day,愛上曼谷 / 蘇菲亞作.
——初版. ——臺北市：太雅, 2023.09
面； 公分. -- (世界主題之旅；604)
ISBN 978-986-336-394-1(平裝)

1.旅遊 2.泰國曼谷

738.2719　　　　　　　　　　109004088

編輯室：
本書內容為作者實地採訪資料，書本發行後，開放時間、服務內容、票價費用、餐廳、旅館、大眾運輸交通等，均有變動的可能，建議讀者多利用書中網址查詢最新的資訊，也歡迎實地旅行或居住的讀者，不吝提供最新資訊，以幫助我們下一次的增修。聯絡信箱：taiya@morningstar.com.tw

填線上回函

下飛機Day by Day
愛上曼谷

reurl.cc/GAG6jG